教师素养系列

著名语文教育家 于漪 总主编

陈爱平／著

# 教师管理能力的提升

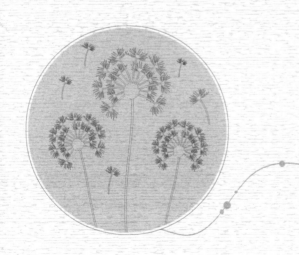

## 习于智长，优与心成

今天做教师最需要具备的基本素养

JIAOSHI GUANLI NENGLI DE TISHENG

东北师范大学出版社
NORTHEAST NORMAL UNIVERSITY PRESS
·长春·

**图书在版编目（CIP）数据**

教师管理能力的提升/陈爱平著. —长春：东北师范
大学出版社，2020.7
ISBN 978 - 7 - 5681 - 7043 - 7

Ⅰ．①教… Ⅱ．①陈… Ⅲ．①中小学—教师培训—
研究 Ⅳ．①G635.12

中国版本图书馆 CIP 数据核字（2020）第 136459 号

□责任编辑：包瑞峰 □封面设计：方 圆
□责任校对：张瑞芬 □责任印制：许 冰

东北师范大学出版社出版发行
长春净月经济开发区金宝街 118 号（邮政编码：130117）
电话：0431—84568105
传真：0431—85691969
网址：http：∥www.nenup.com
东北师范大学音像出版制版
辽宁新华印务有限公司印装
沈阳市张士经济技术开发区
中央大街六号路 14 甲－3 号（110021）
2020 年 7 月第 1 版 2020 年 7 月第 2 次印刷
幅面尺寸：169mm×239mm 印张：12 字数：170 千

定价：70.00 元
如发现印装质量问题，影响阅读，可直接与承印厂联系调换

# 序

　　教师从事的是塑造灵魂、塑造生命、塑造人的工作，其艰巨性与复杂性，难以用语言表述完备。

　　青少年是一个个鲜活的生命，他们的生命基因、家庭情况、情智水平、兴趣爱好、行为习惯等，各不相同，各具个性，教师要进入他们的世界，了解、熟悉、摸清他们的内在需求，绝非一日之功。而且，他们天天在变化，有的平稳向前，有的起起伏伏，有的突然拐弯转向。教师不把心贴在他们身上，就不能洞悉他们的变化，当然也就谈不上因事而教，助推成长。当今，社会上的价值多元、文化多样，信息工具普及，学生生活在这样的时代大潮中，思想、行为、性格、爱好、追求等，无不打上时代的印记。教书育人工作中的新情况、新问题层出不穷，如何应对，如何破解难题，是每位教师都要面对的。因此，每位教师都须攻坚克难，用勤奋与智慧提升教育质量。为此，教师自己的成长，教师队伍的建设就成为教育的重中之重。

　　教师是培育学生成长、成人、成才的人，首先自己应该是一个堂堂正正、光明磊落、有社会担当的人，以自己高尚的人格、高雅的情操熏陶感染学生，引导他们形成完善的人格和健康的审美情趣，以扎实的科学文化学养激发他们旺盛的求知欲，引领他们打下科学文化基础，并有向科学宝库、文化宝库积极探索的强烈兴趣。故而，古今中外对教师几乎都有共同的要求，那就是德才兼备。教师要做"谦谦君子""人之榜样"，要"腹有诗书气自华"，有厚实的学术文化功底。然而，在当今时代，还得有新的要求。《国家中长期教育改革和发展规划纲要（2010—2020年）》中关于教师队伍建设的要求是，建设一支师德高尚、业务精湛、结构合理、充满活力的高素质专业化的队伍。显然，"结构合理"是教育行政部门须考虑的，而"充满活力"却是教师须探索并加以落实的。这是时代的要求，在从事教育教学工作中须强化创新意识，发挥创新精神，锤炼实践能力，精神饱满，气宇轩昂，满怀自信去创建优质教育。

直面教育现场，教师加强研修、自觉成长自然就成为应有之义。人的成长是一辈子的事，学历水平不等于岗位水平，因为教育不是一个结果，而是生命展开的过程，永远面向未来。在当前社会急速变化的情势下，要想挑起立德育人的刚性责任，创造教育教学的精彩，教师就须自觉地与学生一起成长。

成长有众多因素，与同行交流是其中有效途径之一。现场倾听交流是一种方法，阅读同行的文字表达也是一种方法。东北师范大学出版社组织撰写的《教师素养系列丛书》就是针对教师素养的几个方面从理论与实践结合的高度进行探讨、交流的，以期心灵感应，取得更多共识。

祝愿教师同行通过阅读交流，有所启迪与借鉴，走向优秀、走向卓越的步伐更扎实，更敏捷。

于　漪

# 目　　录

# 第一章

## 奇迹与圣歌：教师管理意识的故事

JIAOSHI GUANLI NENGLI DE TISHENG

故事一："奇迹"发生前的教室，中外都很相似。雷夫·艾斯奎斯以他20多年在一间教室的坚守，创造了奇迹。让我们看看这位老师管理学生从哪里起步——

## 我希望用信任取代恐惧

访客在参观第56号教室之后，从未因孩子们的学术能力、我的授课风格，或是墙面装饰的巧思而感到惊喜。他们在离去时赞叹连连是另有原因的，这个原因就是我们的"班风"。我们班的孩子很沉静，而且文明、有礼到一个难以置信的程度。这里就像是块绿洲，但它少了某个东西。讽刺的是，第56号教室之所以特别，不是因为它拥有什么，而是因为它缺乏了这样东西——害怕。

原来，我也曾计划在开学第一天给孩子来点下马威，让他们清楚我才是老大。有些同事也采取相同的做法，我们曾共享使孩子们守规矩的"成功"果实。看到其他班级吵闹失控，我们愚蠢地恭贺彼此的教室有多安静、孩子们多守秩序、每日课程进行得多么顺利。

直到某一天，我看了一部很棒的电影。片中，一位从事特殊教育的优秀教师说了一个他儿子和波士顿红袜队的故事。这位教师得到了一只无价的签名球，上面有传奇的1967年红袜队全体队员签名。当年幼的儿子找他一起玩球时，理所当然地，他警告儿子绝对不能拿签名球来玩。儿子问他理由时，他觉得Carl Yastzremski，Jim Lonborg，以及1967年红袜队的其他成员对他儿子来说毫无意义。于是，他没有花时间解释原委，只对儿子说，不能用那只球是因为"球上写满了字"。

过了几天，儿子又找他一起玩球。当老爸再次提醒儿子不可以拿写满字的球来玩时，小男孩表示他已经把问题解决了：他把所有的字都涂掉了。

理所当然，老爸气得想痛打儿子。但他心念一转，便明白儿子根本没做错事。自那天起，他无论去什么地方都带着那只空白的签名球。这只球提醒他：不管是教导学生还是子女，一定要时时从孩子的角度看事情，不要把害怕当作教育的捷径。

我必须痛苦地承认这个事实，班上很多孩子之所以守规矩，是因为他们害怕。当然啦，也有不少孩子喜欢他们的班级，而且学到了各种美好事物。但我要的更多。我们花了那么多时间提高阅读和数学分数，我们催促孩子们跑得更快、跳得更高，难道不也应该帮他们变成更好的人吗？实际上，在那之后的这么多年来，我发现只要改善班风，各种寻常的挑战就能迎刃而解。打造无恐惧教室并非易事，可能得花上好多年的时间，但这么做是值得的。为了在不诉诸恐惧手段的前提下让孩子们循规蹈矩，并使全班维持优异的学习表现，我做了下列四件事。

……

**故事二**：2004 年，法国导演克里斯托夫·巴拉蒂创作了一部音乐电影，法文原片名《Les choristes》，指的是合唱团员。转译成中文时，最先从台湾译者手中创作，译者借用了具有台湾本土特色的"放牛班"这个词来准确概括影片里学生的特点：调皮、顽劣、无心学业；影片中合唱团练习的一首歌曲歌词主要描绘冬去春来的景象和由此而发的情感，同时男主角引导学生在合唱活动中获得认同感、体验到关怀、鼓励、宽恕和感恩，整个过程就像从冷酷严冬向温暖春天的过渡。译者灵感乍现，创作了一个传神的有着本土意味的电影名称——《放牛班的春天》。凡是看过影片的人，心中就会永驻"放牛班的春天"。它为我们呈现了源于生活又高于生活的教育管理的"圣经"，合唱团的歌声犹如教育管理者的"圣歌"。

### 男声合唱团

世界著名指挥家皮埃尔·莫昂克重回法国故地出席母亲的葬礼。他的旧友佩皮诺送给他一本陈旧的日记本。看着这本当年音乐启蒙老师克莱蒙·马修遗下的日记本，皮埃尔慢慢回味着老师当年的心境，一幕幕童年的回忆也浮出自己记忆的深潭。

克莱蒙是一个才华横溢的音乐家。不过在 1949 年的法国乡村，他没有发展自己才华的机会，最终成了一间男子寄宿学校的助理教师，也称作级长

（相当于班主任加宿监老师）。这所学校名为"池塘底教养院"，有一个外号叫"池塘之底"，因为这里的学生大部分都是一些顽皮的儿童。到任后克莱蒙发现学校的校长以残暴高压的手段管治这班问题少年，体罚在这里司空见惯。性格沉静的克莱蒙尝试用自己的方法改善这种状况，闲时他会创作一些合唱曲。而令他惊奇的是这所寄宿学校竟然没有音乐课，他决定用音乐的方法来打开学生们封闭的心灵。

克莱蒙开始教学生们如何唱歌。但事情进展得并不顺利，一个最大的麻烦制造者就是皮埃尔·莫昂克。皮埃尔拥有天使的面孔和歌喉却有着令人头疼的调皮的性格，循循善诱的克莱蒙把皮埃尔的音乐天赋发掘出来，同时他也与皮埃尔的母亲产生了一段微妙感情，但却是一厢情愿。最后因为失火事件被校长解雇，临走前带走了可怜的孤儿佩皮诺……

**故事三**：在上海市东北角，有一所特别的学校，人们习惯称它为"工读学校"，犹如《放牛班的春天》里的"池塘之底"。它的现任校长，受命于学校困难之际履新的谢小双，逢人就解说自己学校的正式校名：辛灵中学。辛灵者，心灵之谐音也。这是一所关注学生心灵世界的学校，也寓含学校教师含辛茹苦帮助学生身心健康成长的期待。谢校长带领他的团队正一步步接近他们的教育理想。他的努力得到家长、学生、社会高度肯定，他被推举为2013年"全国教书育人楷模"。他是特级校长，也是工读教育一线的教师，面对问题学生，谢校长的管理意识如此艺术。

### 剪发的"艺术"

谢小双校长曾经形象地概括那些行为偏差孩子的特点："黄毛族、黑衫党、讨饭包、大裤裆，外加耳朵上丁零当啷。"

小汤就是这个形象，一边头发高高扬起，一边头发不见踪影。校园里，他总是顶着这样怪异的发型招摇过市。汤奶奶为了孙子的头发已经是绞尽脑汁，但小汤却说："这叫流行！"

谢校长一到辛灵中学，这种现象就引起了他的注意。如何改变孩子们的形象，不仅是家长头疼的问题，也成为谢校长和同事们经常探讨的话题。他常说："大家要想办法改变学生，必须从'头'开始改变！"

周一到了，谢校长依然早早地站在校门口，只是今天手里多了一个小本本。他一一记下全校六十多名学生的发型和颜色，哪些同学的头发不符合学校的新规定，他都心中有数。

第二天，老师们惊讶地发现谢校长请来几个年轻帅气的发型师，带着全套剪发装备来到学校。看这架势是真要剪头发了。不过这老大难问题说剪就能剪了？

正当大家疑惑的时候，谢校长一本正经地说："年轻老师先带头剪，请孩子们观摩，发型师的本事怎么样，请孩子们评判评判！"

看到老师们一个个剪了头发，孩子们也半推半就地开始剪起了头发。让人大跌眼镜的是，一边剪，谢校长一边做起了指导，要求发型师"不要剪得太多！""打薄就可以了。""这个发型不错，比原来好了。""发型师，手下留点情！"……

转眼之间，一大半孩子都剪完了。轮到小汤的时候，倔头倔脑的他把老师们难倒了。正当大家反复做着思想工作的时候，小汤指着谢校长的头发说："凭什么我剪，你不剪，有本事，你先剪个板刷，我就剪！"说完扬扬得意地插着腰，看着谢校长，自以为占了上风。谢校长一言不发，微微一笑，从容地走到理发师面前，淡定地说："剪吧！"一旁看热闹、起哄的孩子们顿时鸦雀无声。大庭广众之下，小汤也收起嚣张的模样，剪掉了曾经让他"得意"的怪发型。看着同学们的新发型，谢校长高兴地说："中学生就该这样，精神！"

每当提起这场"剪发风波"，谢校长总会语重心长地说："特殊教育，更需要特殊的方法管理学生。这年头一些孩子有时会把头发看成命根，要他们改变，既要符合学校要求，也要慢慢引导年轻人的审美情趣。"

**故事四**：一位任课教师，以她对教师职业的热爱、对教育内涵的理解和对教育理想的追求，成为一名深受学生爱戴的教师。她是语文特级教师、名师工作室主持人、学校学术委员会主任，尽管因为工作需要不能再做班主任，她从未放弃一名任课教师培育学生的责任，学生亲切地称她为"不是班主任的班主任"。我们可以从一位深受其语文教育熏陶的学生的笔下感受她的教育境界，对任课教师如何管理好学生亦颇有启发。

### 陈小英师列传

陈氏小英，浙江绍兴人也。业授书育人，享特级之称。吾尝蒙幸拜小英为师而习语文，虽二岁乃穷吾终生而难忘焉。

英师虽为特级，不矜不夸，吾闻赵师美华言，方知吾习语文于特级门下，而吾师名至特级矣。今吾一介驽生，以区区之才而作文记英师，得无愧乎？吾唯敢简笔以记，望吾师哂而观之，万勿谛审，苟有不当，如风拂面，过而忘焉。

窃以为，师教吾辈至上者，乃处事为人之道：为人者心善，处事者心诚也已。英师每每授业，晓之以实行，明之以真情。

时逢吾校义卖，而吾辈未曾留意上心，以致摊前冷落无以为售，但获寥寥十数金耳。师视之闻之，忧心忡忡。诲吾辈曰："行善者，不在于数之多寡，而在于为与不为。人之所以为人者，因其心存善念也。他人有难，弗助，何以为善？"闻此良言，吾辈甚羞之。次日晨，吾辈一一捐款以助。师亦亲出己物数种交诸吾，嘱售以募焉。当其售时，人声鼎沸，每物必竞，昂值以争，一董姓学生尤是。事罢，吾班筹金五百有余。数非至多，心可谓善矣。英师见之大说。

以吾之见，英师之才亦莫能及焉。是时吾班有张生颖，气躁心浮，每每语他人，必挠其头昂其声曰："甚矣，汝之劣质！汝首级勿保哉！"然俟其遇英师，则敛其庚气，慎其言行，举止恭谦。英师授课，颖则凭案持卷，满面和风，心若止水，于向之叫嚣，大类二人哉！其赞师云："吾生幸得英为师，夫复何求！"

又有名为朱棣者，其相貌才华出众人者远矣。人曰"视其貌远胜裴德洛，观其智略逊柏拉图"，天下人鲜有能及者，孰能为其师焉？顾棣日思进，欲善其智以扬其名，唯苦于无师教诲，夙夜忧叹。居数月，棣偶遇英师，与其论及哲学之道大乘之法，滔滔不绝，然师以极简之言释至难之理，服棣也。翌日，棣怀其文径诣师室，以文问之，惴惴焉俟于屋隅。食顷，师览其文，游走红笔，棣复视，大惊。先以此文无毫发之爽，今为英师批览乃见错谬累累，心口皆服。自念：盍拜英为师？即行拜师之礼，入小英门下，求学数年。后岁余，己丑年，棣迳获奖曰"新概念"，此乃棣日后功成名就之基，能不涕泪谢师焉？

赞曰：呜呼，甚善！夫为人师者盖非惟教书而已。师中之大境界者，其学必广，其言必明，其行必善，其德必良，英师之谓也。

**故事五**：有这样一位教师，从新中国成立初直至今天，在长达六十多年的岁月中，无怨无悔书写人生的教育之歌。她长期担任语文教学、班主任、年级组长、教研组长等工作，是上海市首批特级教师；她在拨乱反正时期受命担任一所师范学校校长，在很短的时间里使这所学校成为闻名全国的好学校；她一生致力于教育研究和教师培养，学术成就令人瞩目；她的生命与教育使命同行，坚守教育理想，献身教育事业，是当代基础教育的一面旗帜……太多的荣誉在她都归为平淡，在她眼里，只有一个荣誉她愿意用生命不断彰显，即首届全国教书育人楷模。她，就是年逾八旬仍在教育园地耕耘的于漪老师。于老师的许多教育故事可以从很多角度解读，作为学科教师，她从来不靠"高压"管理学生，总是以真诚的鼓励促进学生、以精湛的教学吸引学生。我们撷取其中一则，以飨读者。

### 激情似火，点燃学生求知欲望

于老师上语文课，充分调动学生的积极性，让学生做学习的主人，积极体现师生互动，使学生得到成功的体验和喜悦。有些原先看到作文命题就会哭鼻子的同学，在于老师热情鼓励、循循善诱下转变成写作的"积极分子"；原先写字七歪八斜的，写出一手漂漂亮亮的书法，以后成为清华大学的高才生；甚至初中学生在听了于老师的讲课，深深为于老师的教学魅力所打动，不仅爱上了语文学习，还如痴如醉地写出了上万字的学生文艺节目剧本。有一位口吃的学生不仅表述困难，而且语文成绩很差，经过于漪的悉心指导，不仅爱上了语文，而且成了学校演讲队的主力。她班上先后来过 4 位口吃的学生，在于漪的帮助下，口吃的毛病改掉了，更重要的是树立了学习的信心，坚信"天生我才必有用"，日后都成为国家建设事业的有用之才。当年有一位口吃最严重的学生日后成为中外合资公司的外贸代表。很多以后离开学校走上工作岗位并做出成绩的学生，在回忆当年时都不约而同地肯定了于漪老师的寓德育于语文之中的教学方法给他们成人奠定的基础。在她的课上，常常是学生敢于提出与教材、与老师讲解不一的观点和疑问，不仅激活了同学们的思维，而且也促使师生深入探讨，切磋研究，锻炼和培养了学习语文的综合素质。

# 第二章

## 管理是"王道"：教师管理意识的思考

西周开始，就有"学在官府"之说。从历史记载看，官学在汉代才开始兴盛，私学倒是在春秋战国时期就蓬蓬勃勃，方兴未艾。私学在传承历史文脉的同时，不断打破不同时期统治阶层对知识的垄断。官学与私学主要面向成人教育，重在传承与研修学问，也伴有旨在从业的专门教育。面向孩子的教育后来谓之为"蒙学"，从早期只传授贵族子弟到走向民间，惠及平民，举办者有不同层级的地方官府，也有私人和民间团体，学、校、庠、序等，均为举办层级、时期不同而有所区别的学校专门称谓。本书主要观察、讨论未成年人教育中教师管理意识的话题。一般认为，管理意识是指管理者能自觉运用思想方法和原理原则去认识、分析和解决管理问题，在长期管理过程中形成的一种特殊智慧、欲望和冲动。这个概念，也涵盖了管理者的能力要求。从古之"蒙学"到当代西学体制下的中小学教育，面对成长中需要更多关怀的青少年，对从教者管理意识的要求更甚于面向成年人的各种教育体制，自然是触发关注中小学教师管理意识的主要原因。

## 尴尬的群体记忆一： 蒙学中的"塾师"

蒙学中的塾师，在中国历史的人物群像中有其独特的标志。他们是读书人，但往往都是失魂落魄的读书人。所谓"魂魄"，就是千年科举成功者的"精气神"。很多人一辈子在童生、秀才的台阶上踽踽独行；迫于生计，于村塾、豪门大户的私馆，执帐启蒙，郁郁寡欢。蒲松龄《聊斋志异》为世人熟知，他的塾师生涯也因此而为人津津乐道。家道中落的蒲松龄，年轻时风风光光勇夺秀才考试第一名，之后就考运不济，多次落第，家中薄产难以为继，一生大多数时光以塾师、幕僚为生，年届七十方撤帐回家。《聊斋志异》就是蒲松龄做塾师时的业余创作。有人比较蒲松龄《聊斋志异》与纪昀《阅微草堂笔记》中塾师形象的差异，认为前者可怜，后者可恨。如《聊斋志异》之《促织》，作者把可怜的主人公偏偏取名为"成名"："邑有成名者，操童子业，久不售"。所谓"操童子业"，就是教小孩子读书的老师；为什么做塾师呢，因为"久不售"。把科举落第比作不能售卖出去，亦可见科举于人生的功利意义。就这样一个科举失意，以塾师糊口的人，不断被官府、乡里无赖欺侮，家破人亡、走投无路，倘若没有作者赋予情节超自然的力量，这个叫"成名"的人物一定以悲剧收场。作者经历和小说人物经历时时合二为一，一生失意的愤懑通过小人物苦难遭际再现抒写，为历史画卷中的塾师形象定格了现实与创作高度统一的形象。而一生仕途通达、生活优渥的纪昀，晚年因姻亲之祸遭受株连，流放新疆，道听途说的"如是我闻"，用有意模仿晋宋笔记小说质朴简淡的文风，写作了《阅微草堂笔记》，意在劝善惩恶，多显世道人心。独独对塾师多有讥讽调侃之意，恐与当时"师道之不存久矣"的世风脱不了干系，也暴露"损不足以补有余"的世道炎凉之态。

白话文学初期，鲁迅小说中有一系列读书人的形象，像孔乙己这样的人物已经超越人们对作品的审美范畴，几乎直接把他看成生活中落魄的穷酸读书人代表。孔乙己是小说中唯一穿着长衫又站着喝酒的人，平日卖字为生，酒兴上来，常常好为人师，要考一考小伙计茴香的"茴"有几种写法。其实，在鲁迅小说作品中，还有一个命运堪比蒲松龄，结局比孔乙己更惨烈的人物，即《白光》中的陈士成。屡考不中科举的他以塾师谋生，小说一开头就描写他看榜的情形，作者对清末读书人的状况实在是非常了解，带着温润的悲悯层层进入这个人物失魂落魄的精神世界。精神崩溃的陈士成，在幻觉中一团白光诱导下，疯狂地到处挖掘，企图找到传说中祖宗留下的财物，不幸溺水身亡。

塾师管孩子的办法多有两种，一软一硬。软为课业，硬为戒尺。课业是背书、写字、作文，回课不好就要用戒尺打手心，无须更多管理方法，学生没有讨价还价的余地，塾师权威因此树立。在孩子情感世界中，"三味书屋"的味道远没有"百草园"有趣有味，鲁迅在《朝花夕拾》的集子中，就有这样的《从百草园到三味书屋》。鲁迅对先生最传神的描摹就是先生沉浸在吟诵中的神情体态，那微笑着摇动着的身躯成为这一失魂落魄的读书人群体中最让人难忘的温馨记忆。如果没有这些亲身经历私塾教育的人留下的文字，对已经成为过去的私塾教育恐怕将只剩下概念。

塾师们或严厉或温和的风格均与现代自觉的管理意识无关，不过，他们不自觉的管理行为，还是不间断地传承着千百年来历史文化的命脉，潜移默化地影响了一代代人精神成长。历史与民俗往往以势利的眼光忽略了这个群体的作为。所谓"家有隔夜粮，不做孩子王"的无奈悲叹，直至今天，还是在中小学从教者的人生选择中留下抹不掉的职业文化阴影。

## 尴尬的群体记忆二： 乡村教育中的"一个都不能少"

即使在当下，一旦有人选择了做教师，不论自己还是旁人，对教师职业的第一反应往往是，要"管教"学生。当然，基于学生年龄差异，在管教学生上会有比较明显的分野。以现当代高等教育而言，教师可能更愿意不再"管教"学生，甚至到完全放任自流；基础教育则不然，"管教"学生似乎成为许多教师教育行为的第一要义。从学前教育到高中教育，教师面对的基本都是未成年人，教师职责是什么，不同社会角色和身份的人答案不尽相同。韩愈所谓"传道授业解惑"的高度概括千百年来基本得到人们的认同，能够做到并非易事，许多教师穷尽一生之心力都未必能达到这短短六个字的职业目标。"传道授业解惑"的目标达到什么层次还不是最重要，在许多教师看来，做教师的基本任务是要"管教"好孩子。其中，最紧要的是"一个都不能少"。

张艺谋在 20 世纪末拍摄的剧情电影《一个都不能少》，因为起用大批非专业演员而特别引人注目。其中女主角，一个乡村代课教师，也是找了一个完全没有受过专业训练、从来没有演艺经验的乡村姑娘担任，演员朴素的表演和导演独特的手法不断让观众产生在看纪录片的感觉。尽管电影改编自题为《天上有个太阳》的小说，剧情的真实性超越了小说情节和电影剧情的创作色彩。剧中人物村长交代给代课教师一句话，就是看好这些孩子，"一个不能少"。这句话是小说的"文眼"，也是电影的名字，作为文艺作品无疑很抢眼，在透露了中国当代乡村教育现实无奈的同时，也折射出社会上对教师职业的一种错误认识，即看孩子，不能看丢一个孩子。在这个意义上，教师与家庭保姆无异，几乎无专业性可言。"家有隔夜粮，不做孩子王"的民谚可能也正与这样的现实状态有关。

　　无独有偶，早在 20 世纪 80 年代，作家阿城写了一部叫作《孩子王》的小说。没过几年，导演陈凯歌执导了以这部小说改编的电影《孩子王》。1988 年，这部影片获得一连串的奖项：第八届中国电影金鸡奖导演特别奖，第四十一届戛纳国际电影节最佳摄影奖、最佳美术奖和教育贡献奖，比利时电影探索奖的探索影片奖等。这似乎并没有给人们带来特别深刻的印象，可能因为时间有些久远，恐怕主要还是因为小说和影片的题材不够"时尚"。故事发生在 20 世纪"知识青年""上山下乡"时期。特意给前文两个词语打双引号，实在是因为这两个词语有着特殊含义。随着那个时代越来越远，知识青年和上山下乡这样的说法逐渐被淡忘，不加引号真的担心年轻读者没有注意到它们的特殊含义。小说主人公，一位来自城里的知识青年，因为劳动表现好，加之正好乡村学校缺教师，领导就以奖励的方式派遣他去学校做代课教师，同伴们戏称他为"孩子王"。之后的故事自然与孩子、教课有关，老师认真，孩子可爱，只是在一个物质匮乏、精神禁锢的时代，发生在师生间的故事注定就是一颗让人伤感的怪味豆。认真教书的老师想尽办法让孩子们学点儿知识。在他的努力下，许多孩子爱学习了，其中一个叫"王福"的孩子，是整个故事中最让人感动、感慨和感伤的部分。这个家境贫寒的孩子为了得到老师手中唯一的一本《新华字典》，跟老师打赌，打赌输了得不到字典，就一笔一画抄字典。没过多长时间，"孩子王"的冠冕被莫名其妙地摘取。"孩子王"离开学校时，把字典送给王福。故事说的是教书的事，反映的是一个不正常时代人性的温暖与人情的炎凉。

　　上述两个故事都是当代中国乡村教育的真实反映，其反映生活的真实性和深刻性凝聚了作家和艺术家的心血。也许有人认为，这样的乡村教育已经成为过去，偌大中国，发展进步有目共睹，也正因为大，国情复杂，对基础教育发展容不得太大的乐观。理性告诉我们，教育问题一定不是教育内部能够彻底解决的，社会发展和进步是解决教育问题的根本条件。有人说，衡量中国发展水平，只要看城乡接合部的状况，就知道真实的中国在什么位置上，更何况还有日渐空心、荒芜的广大农村。教育面临的问题不免令人担忧。中国大多数人还是从乡村教育走出来，其尴尬境况仍然让人难以言说。

最近，一个现实版的乡村女教师的经历引起人们很大关注和争议。这位女教师在 20 年前还是不谙世事的小姑娘时被多次转手拐卖至一个偏僻的乡村，在多次抗争逃跑无果后，她只能接受现实，不仅生子安心过日子，而且还在乡村学校没有教师时做了教师，因为她是全村唯一一个初中毕业生。多年后，被评为"2006 年感动河北十大年度人物"，她的故事被改编成了电影《嫁给大山的女人》。引起舆论再次聚焦她身上的是，有人出来指责，拐卖她的人至今仍然逍遥法外，没有任何人对施加给她的伤害承担过任何法律责任。

在社会关注这位女教师被拐卖的法律责任是否被追究时，"打拐"成了大家热议的话题。且不说这位经历坎坷、忍辱负重的女教师现在面临多么沉重尖锐的法律与情感的矛盾，法律打拐，不仅追究拐卖者，也追究买人方，买了她的人已经成为同甘共苦二十年的亲人，这种情何以堪的事情将她和她的家人又推进舆论的漩涡，单说这个只有初中毕业的女子成为一位教师，依然让人感到乡村教育的尴尬现状。我们丝毫没有轻视这位教师的意思，她对乡村教育的责任和坚守令人感动；我们也无意指责当地政府在教师选用上的"随意"，各个地区经济社会发展不平衡，乡村教育的基本公平能够保证已经非常不容易。但是，这些都不是时至今日还如此忽略教师这一职业专业性的理由。

很难想象，当代社会，一个没有接受过完整医科教育的人可以当医生；一个没有律师资格证的人可以做律师。唯独教师，即使在当前，没有接受过师范教育的人或没有教师资格的人，只要识文断字，似乎都具备做教师的基本条件。历史与现实的尴尬一次次地把我们推到一个不得不面对的境地：教师职业的专业化亟待引起重视，教师专业发展需要研究的问题很多。在教师专业发展已有的研究中，对教师本体知识、学科教学的研究相对多一些，着眼于教师管理意识的研究相对较少。"孩子王"的教师要管教孩子，也要"授业"，更要"传道解惑"。做到这些取决于教师的职业素养，其中管理意识也是非常重要的素养。

## 一、"管理" 探源与思辨

### （一）"管理"与"管教"词义辨析

管理与管教，两者有关联更有区别。两个词语都有"管"字，皆表约束之意。"管理"之"理"字义项丰富，既有"主持或负责某项工作"的义项，也有料理、治理等含义，凸显管理者在组织中的核心和协调作用。"管教"之"教"有教导意味，表达管教者的主导地位。"教"，更多是单边要求指示的发出；"理"，集中在多向意愿的厘清和双方关系的互动上。

"管理"作为一个词语，在古代汉语和现代汉语中呈一定意义的嬗变之势。据不完全精确的查阅，在我国古籍文献中，较早出现管理一词是在《旧唐书》卷十二：

王士真为德棣都团练观察使。壬子，以前涿州刺史兼御史中丞刘怦为幽州长史、御史大夫、幽州卢龙节度副大使兼使知节度管理度支营田观察，押奚契丹经略卢龙等军使。丁巳，以左散骑常侍柳浑为兵部侍郎。

严格意义上讲，上文的"管理"不是一个词语，古汉语以单音节词为主，"管理"分别是管与理，照管并料理之意。到了明清小说兴起之际，口语化的语言风格使得一些双音节词语更多进入书面语，"管"与"理"真正走到一起，成为一个词语。

《初刻拍案惊奇》卷三三："天可怜见，生得此子，本待把家私尽付与他，争奈他年纪幼小，你又是个女人，不能支持门户，不得不与女婿管理。"

白话文学兴起之后的"管理"，与英文中的 manage、administration 同义。

洪深《劫后桃花》十三："〔学校〕管理极严，除掉星期六，平常都不许回家的。"

不论把"管理"当作单音节的两个词语还是双音节一个词语来看，上面三处引文中"管理"的含义停留在词语基本义项上，即约束、照料、料理。当管理成为科学，称之为"管理学"时，管理的内涵就更加丰富了，"经管"的义项更接近于管理学意义上的管理，指向的是人类组织活动中有目标、有计划、有序和有效的协调、分工、合作、实施、激励的过程。

### （二）远古管理意识与管理能力

如果要给管理下定义，一定有许多说法。广义的管理是指应用科学的手段安排组织社会活动，使其有序进行。英文是 administration。狭义的管理是指为保证一个单位全部业务活动而实施的一系列计划、组织、协调、控制和决策的活动。英文是 management。这样的定义都比较学术化，倒是管理学大师会用更直白的方式表达对管理的理解。

弗雷德里克·温斯洛·泰勒（Frederick Winslow Taylor）认为："管理就是确切地知道你要别人干什么，并使他用最好的方法去干。"（《科学管理原理》，泰勒）在泰勒看来，管理就是指挥他人用最好的办法去工作。

有人归纳管理意识至少有七种：整体意识、结构意识、人本意识、制度意识、市场意识、竞争意识和创新意识。教师管理意识恐怕不能简单照搬上述内容。管理是一种意识，也包含在意识支配下的行为，涵盖了管理者的能力要求。只是为了强调能力的运用性和实践性特点，从学理上可以把意识和能力剥离开来，前者侧重管理理念，后者强调管理实践。如果一定要给管理能力下定义，可以说是在管理意识关照下，提高组织效率的能力。我们更倾向于把管理意识作为涵盖理念和实践层面的一个宽泛概念。事实上，管理实践往往先于管理理念，后者是前者的反思与提升，前者是后者的深化与开拓，在具体管理实践中很难严格区分管理意识与能力的边界。

从管理学学术领域产生的历史看，管理意识是近现代社会发展的产物；而从管理行为伴随着人类文明进程无处不在的实践看，则是久远年代的馈赠。有了人类群居生活，特别是有组织的生产活动出现以来，不自觉的管理行为就在不断提高生产效率，推动社会进步。彼得·德鲁克（Peter F. Drucker）在《管理实践》中指出："自从西方文明诞生之日起，管理也就应运而生了。"

他是从西方文明发展的视角回溯管理行为的诞生。东方文明，包括中华文明同样如此。我们也特别想从中华文明历史发展的角度，为教师管理意识提升寻找到文化遗传的基因与密码。

任何一个有历史感的人，由此都会很自然想到开启五千年中华文明历史的重要人物。《史记·五帝本纪》是《史记》第一篇传记，记录了汉民族历史传说中最早的五位部落首领，即黄帝、颛顼、帝喾、尧、舜。如果说，前三位部落首领的个人经历和历史功绩还有着太多的神话色彩，那么，后两位加上成为中国历史上第一个朝代的君王的禹，尽管还是有传说色彩，但是传说中的故事在与历史遗迹的比对中，能让人不断触摸和感受那些信息、线索和片段的真实性，言之有据、言之有征，为我们了解远古时代提供了富有想象力的空间。同样，也可以从中看到这些被后人倾慕的圣明之君卓越的管理意识，其核心思想后人至今恐怕也没有完全超越。

**1. 禅让是创世纪的无私选择**

五帝权力传递图谱，突变始于尧。先稍费力气看一段接龙图："黄帝者，少典之子，姓公孙，名曰轩辕"；"帝颛顼高阳者，黄帝之孙而昌意之子也"；"帝颛顼生子曰穷蝉。颛顼崩，而玄嚣之孙高辛立，是为帝喾"，"帝喾高辛者，黄帝之曾孙也"；"帝喾娶陈锋氏女，生放勋。娶娵訾氏女，生挚。帝喾崩，而挚代立。帝挚立，不善，而弟放勋立，是为帝尧"。好了，看到这里，五帝中的四位已经出场，都是氏族子弟代代相传，直系儿孙兄弟交替接位，一切顺理成章，理所应当。事情在尧身上发生了令历史动容的转折：尧传位于舜。

严格意义上讲，舜也是尧的同姓旁祖之人，追述起来，舜是颛顼父亲昌意第七代子孙。只是几代下来，渐渐沦为平民。尧执政后期，为儿子丹朱不贤困扰，舜出道缘于众人举荐，被看重则是经历了尧自己设定的严格而特别的考察。尧把两个女儿嫁给他，让九个儿子跟着他学习，终于在考察 28 年后让他代理执政。其中的矛盾、犹豫、痛苦可想而知，最终，一句"终不以天下之病而利一人"的权衡，使尧做出改变历史的创世纪抉择，历史上称之为"禅让"。之后的故事是，"舜子商均亦不肖，舜乃豫荐禹于天。十七年而崩。

三年丧毕，禹亦乃让舜子，如舜让尧子。诸侯归之，然后禹践天子位"。舜也碰到了尧的困惑，好在有榜样在，禹在真心诚意的谦让后，登上了中国历史上第一个朝代——夏的君位。私，恐怕属于人性的一种，是文明社会前进的内驱力之一；去私，肯定是超越人性的期待，是社会文明进步的公理追求。管理者的无私是个人德行，没有制度保障很难持久。禅让在中国历史上颇有昙花一现的感伤，之后漫长的朝代更迭还原并固守了世袭制，引发无数后人对其向往。向往之外，倘若能从管理制度层面掌控私欲，一定要有自觉的管理意识方才可能。

 **资料链接**

　　尧立七十年得舜，二十年而老，令舜摄行天子之政，荐之于天。尧辟位凡二十八年而崩。百姓悲哀，如丧父母。三年，四方莫举乐，以思尧。尧知子丹朱之不肖，不足授天下，于是乃权授舜。授舜，则天下得其利而丹朱病；授丹朱，则天下病而丹朱得其利。尧曰："终不以天下之病而利一人。"而卒授舜以天下。尧崩，三年之丧毕，舜让辟丹朱于南河之南。诸侯朝觐者不之丹朱而之舜，狱讼者不之丹朱而之舜，讴歌者不讴歌丹朱而讴歌舜。舜曰："天也。"夫而后之中国践天子位焉，是为帝舜。

（《史记·五帝本纪》，司马迁）

　　（参考译文：尧在位七十年得到舜，又过二十年因年老而告退，让舜代行天子政务，向上天推荐。尧让出帝位二十八年后逝世。百姓悲伤哀痛，如同死了生身父母一般。三年之内，四方各地没有人奏乐，为的是悼念帝尧。尧了解自己的儿子丹朱不贤，不配传给他天下，因此才姑且试着让给舜。让给舜，天下人就都得到利益而只对丹朱一人不利；传给丹朱，天下人就会遭殃而只有丹朱一人得到好处。尧说："我毕竟不能使天下人受害而只让一人得利。"所以最终还是把天下传给了舜。尧逝世后，三年服丧完毕，舜把帝位让给丹朱，自己躲到了南河的南岸。诸侯前来朝觐的不到丹朱那里去却到舜这里来，打官司的也不去找丹朱却来找舜，歌颂功德的，不去歌颂丹朱却来歌颂舜。舜说："这是天意呀。"然后才到了京都，登上天子之位，这就是舜帝。）

### 2. 德治从远古时代走来

司马迁成为史官，是忍辱负重承袭父亲史官身份的必然担当。凭他的才情，也许更应该成为文学家。史家的严谨他不敢怠慢，史家的冷静他常常做不到。每篇传记结束的"太史公曰"是他为自己搭建的书写通道，他必须站出来议论抒情，指点江山，激扬文字。即使传记正文，面对尧舜这样的圣明之人，他忍不住用颂词般的文字把传记主角推出来。

尧的出场，重在精神风采，人格品行。特别彰显的是他"能明驯德"，因此族内九代亲睦，百官政绩显著，各方诸侯都能和睦相处。古代管理民众多用"治民"，如何治理，有一个很形象的词可以替代，即"牧民"。"牧"本意放养牲口，用在人身上，可见于《易经·谦》："谦谦君子，卑以自牧也。"牧，养也。君子谦卑自守，修身养性。由自牧到牧民。《左传·襄公十四年》说了一段话，表达了当时统治者对治民的认识："天生民而立之君，使司牧之，勿使失性。"司，即掌控、掌管，统治者是掌管治理民众之权的人。现在特别强调社会"治理体系"的建设，从管理到治理，一字之别，而来自本土的、历史的厚重感，非"治理"无以表达。如果以最大的善意揣度以"牧"论"治"的缘由，也许远古时期治理的理想就是如放养牲口那样，给民众更多的"放"的自由和"养"的条件。所以把治民之州官叫作"州牧"。现代汉语"牧师"一词的翻译也颇受中国传统"牧民文化"的影响。这个揣度起码在远古尧舜时期可以成立，牧民之关键在于统治者有仁爱的德行。德治就这样伴随尧舜从远古走来。

 **资料链接**

帝尧者，放勋。其仁如天，其知如神。就之如日，望之如云。富而不骄，贵而不舒。黄收纯衣，彤车乘白马。能明驯德，以亲九族。九族既睦，便章百姓。百姓昭明，合和万国。

（《史记·五帝本纪》，司马迁）

（参考译文：帝尧，就是放勋。他仁德如天，智慧如神。接近他，就像太阳一样温暖人心；仰望他，就像云彩一般覆润大地。他富有却不骄傲，尊贵却不放纵。他戴的是黄色的帽子，穿的是黑色衣裳，朱红色的车子驾着白马。他能尊敬有善德的人，使同族九代相亲相爱。同族的人既已和睦，又去考察百官。百官政绩昭著，各方诸侯邦国都能和睦相处。）

### 3. 把人才用在合适的位置上

尧舜个人修身的德行丝毫不用怀疑。作为部落领袖，如何修身且安人，司马迁在《五帝本纪》中不惜笔墨铺陈述说舜如何用合适的人做适合的事，国家机器的基本架构和功能在那一刻定格。内容的高度提炼和典型性超越了史料本身的芜杂和真实性。在舜运筹帷幄的分工中，社会的基本功能定型，治水、务农、教育、司法、工艺、山林、祭祀、音乐、传令，从物质基础到上层建筑，有条不紊、循序渐进；同时也看到舜知人善用的管理才干。不仅如此，分工要辅以绩效考核，三年一考核，三次考核定奖惩，赏罚分明；同时又充分考虑为政的时间周期和管理者的成长过程。出色的管理者首先体现在对人的任用和培养上，管理是管人，管理学就是人学。

 **资料链接**

而禹、皋陶、契、后稷、伯夷、夔、龙、倕、益、彭祖自尧时而皆举用，未有分职。于是舜乃至于文祖，谋于四岳，辟四门，明通四方耳目，命十二牧论帝德，行厚德，远佞人，则蛮夷率服。舜谓四岳曰："有能奋庸美尧之事者，使居官相事？"皆曰："伯禹为司空，可美帝功。"舜曰："嗟，然！禹，汝平水土，维是勉哉。"禹拜稽首，让于稷、契与皋陶。舜曰："然，往矣。"舜曰："弃，黎民始饥，汝后稷播时百谷。"舜曰："契，百姓不亲，五品不驯，汝为司徒，而敬敷五教，在宽。"舜曰："皋陶，蛮夷猾夏，寇贼奸轨，汝作士，五刑有服，五服三就；五流有度，五度三居：维明能信。"舜曰："谁能驯予工？"皆曰垂可。于是以垂为共工。舜曰："谁能驯予上下草木鸟兽?"皆曰益可。于是以益为朕虞。益拜稽首,让于诸臣朱虎、熊罴。舜曰:"往矣,汝谐。"遂以朱虎、熊罴为佐。舜曰:"嗟!四岳,有能典朕三礼?"皆曰伯夷可。舜曰:"嗟!伯夷,以汝为秩宗,夙夜维敬,直哉维静絜。"伯夷让夔、龙。舜曰:"然。以夔为典乐,教稚子,直而温,宽而栗,刚而毋虐,简而毋傲;诗言意,歌长言,声依永,律和声,八音能谐,毋相夺伦,神人以和。"夔曰:"于!予击石拊石,百兽率舞。"舜曰:"龙,朕畏忌谗说殄伪,震惊朕众,命汝为纳言,夙夜出入朕命,惟信。"舜曰:"嗟!女二十有二人,敬哉,惟时相天事。"三岁一考功,三考绌陟,远近众功咸兴。分北三苗。

(《史记·五帝本纪》,司马迁)

(参考译文:禹、皋陶、契、后稷、伯夷、夔、龙、倕、益、彭祖,从尧的时候就都得到举用,却一直没有职务。于是舜就到文祖庙,与四岳商计,开放四门,了解沟通四方的情况,他让十二州牧讨论称帝应具备的功德,他们都说要办有大德的事,疏远巧言谄媚的小人,这样,远方的外族就都会归服。舜对四岳说:"有谁能奋发努力,建立功业,光大帝尧的事业,授给他官职辅佐我办事呢?"四岳都说:"伯禹为司空,可以光大帝尧的事业。"舜说:"嗯,好!禹,你去负责平治水土,一定要努力办好啊!"禹跪地叩头拜谢,谦让给稷、契和皋陶。舜说:"好了,去吧!"舜说:"弃,黎民正在挨饿受饥,你负责农业,去教他们播种百谷吧。"舜说:"契,百官不相亲爱,五伦不顺,你担任司徒,去谨慎地施行五伦教育,做好五伦教育,在于要宽厚。"舜又说:"皋陶,蛮夷侵扰中原,抢劫杀人,在我们的境内外作乱,你担任司法官,五刑要使用得当,根据罪行轻重,大罪在原野上执行,次罪在市、朝内执行,同族人犯罪送交甸师氏处理;五刑宽减为流放的,流放的远近要有个规定,按罪行轻重分别流放到四境之外、九州之外和国都之外。只有公正严明,才能使人信服。"舜问:"那么谁能管理我的各种工匠?"大家都说垂可以。于是任命垂为共工,统领各种工匠。舜又问:"谁能管理我山上泽中的草木鸟兽?"大家都说益行。于是任命益为朕虞,主管山泽。益下拜叩头,推让给朱虎、熊罴。舜说:"去吧,你行。"就让朱虎、熊罴做他的助手。舜说:

"喂，四岳，有谁能替我主持天事、地事、人事三种祭祀？"大家都说伯夷可以。舜说："喂，伯夷，我任命你担秩宗，主管祭祀，要早晚虔敬，要正直，要肃穆清洁。"伯夷推让给夔、龙。舜说："那好，就任命夔为典乐，掌管音乐，教育贵族子弟，要正直而温和，宽厚而严厉，刚正却不暴虐，简捷却不傲慢；诗是表达内心情感的，歌是用延长音节来咏唱诗的，乐声的高低要与歌的内容相配合，还要用标准的音律来使乐声和谐。八种乐器的声音谐调一致，不要互相错乱侵扰，这样，就能通过音乐达到人与神相和的境界啦。"夔说："嗯，我轻重有节地敲起石磬，各种禽兽都会跟着跳起舞来的。"舜说："龙，我非常憎恶那种诬陷他人的坏话和灭绝道义的行为，惊扰我的臣民，我任命你为纲言官，早晚传达我的旨命，报告下情，一定要诚实。"舜说："喂，你们二十二个人，要谨守职责，时时辅佐我做好上天交付的治国大事。"此后，每三年考核一次功绩，经过三次考核，按照成绩升迁或贬黜，所以，不论远处近处，各种事情都振兴起来了。又根据是否归顺，分解了三苗部族。）

**4. 顺应是治理天下的大智慧**

现在要说说禹的管理意识了。一般而言，因为大禹治水的故事，人们对禹的熟悉程度可能要超过尧舜。大禹治水的成功，有父亲生命的代价与教训，也有自己三过家门而不入"蛮拼的"精神，更有他治水的哲学思考，即人们熟知的治水宜导不宜堵，宜疏不宜湮。这个具象的工程哲学在后代不断被延展放大运用，社会治理碰到的许多问题都可以从大禹治水的哲学高度找到解决问题的规律。

顺应是一种姿态，更是一种理念。传说中的《击壤歌》流传在尧舜时期，与另一首《康衢谣》一起成为我国历史上最早的歌谣，那位边劳作边对着尧唱歌的老农真是位淡定的智者，"日出而作，日入而息，凿井而饮，耕田而食，帝何力于我哉"，唱得尧大彻大悟，尊老农为老师。后世老子《道德经》表达的无为而治的政治观念也与这种顺应自然、顺应本性的治国理念有割不断的联系。老子思想可以从很多角度解读，最主流的解读是政体哲学和管理哲学。清朝思想家魏源在《老子本义》中说："老子之书，上之可以明道，中之可以治身，推之可以治人。"老子"治人"的思想核心就是三个关键词：自然、无为、道。这些都与远古明君"顺应"治国的态度一样是治理天下的大智慧。

 资料链接

以正治国，以奇用兵，以无事取天下。

吾何以知其然哉？以此：天下多忌讳，而民弥贫；民多利器，国家滋昏；人多伎巧，奇物滋起；法令滋彰，盗贼多有。

故圣人云："我无为而民自化；我好静而民自正。"

（《道德经·第五十七章》，老子）

（参考译文：以无为、清静之道去治理国家，以奇巧、诡秘的办法去用兵，以扰害人民而治理天下。我怎么知道是这种情形呢？根据就在于此：天下的禁忌越多，而老百姓就越陷于贫穷；人民的锐利武器越多，国家就越陷于混乱；人们的技巧越多，邪风怪事就越闹得厉害；法令越是森严，盗贼就越是不断地增加。所以有道的圣人说：我无为，人民就自我化育；我好静，人民就自然富足；我无欲，而人民就自然淳朴。）

### （三）传统私学授课与教师管理智慧

以现代学校班级授课制出现为界限，教育管理呈现隐性与显性的分野。就教育管理发展历史而言，教育管理意识由此从零星走向系统，从不自觉走向自觉，从个体走向群体。体现在教师个体管理意识上，我们会发现，近现代之前一些出色的教师，他们的教育管理意识，一点也不逊色于近现代教育管理学水平，体现很高的管理智慧。中国传统私学授课中的管理智慧，是教育管理走向现代化的非常重要的基础。

《论语》对中国政治、文化等方面的影响无须赘言，所谓"半部《论语》治天下"（《鹤林玉露》罗大经），说的也是治理关键是天下人心。人心向背，载舟覆舟，是儒家文化入世态度的核心意象。《论语》在文化领域的影响力更是根深蒂固、源远流长。孔子弟子们的记录、回忆、整理和发挥，呈现出真实质朴的语录体状态；毕竟是集体创作，多有风格不够统一之处，倒也显得自然轻松。孔子不是蒙学的塾师，更接近于私学中弟子导师的角色，围聚在孔子身边的弟子，多为追随他谋事的成年人。《论语》记录的许多言语和片段都是教育情景的真实还原。其中蕴含的教育管理思想对未成年人教育同样适用，千百年来自觉或不自觉地影响着现当代教育管理理念和行为。

**1. 正名说与管理角色分工**

正名者，使名分正也。《论语》中最著名的有关正名的名句有两句："君君，臣臣，父父，子子"（《论语·颜渊篇》），"不在其位，不谋其政"（《论语·泰伯篇》）。前一句有具体的场景，"齐景公问政于孔子"，孔子简洁、清晰地回答他，没有其他法子，最要紧的就是，君王像君王的样子，臣子像臣子的样子，父亲像父亲的样子，儿子像儿子的样子。齐景公很有领悟力。回答说："善哉！信如。君不君、臣不臣、父不父、子不子，虽有粟，吾得而食诸？"不仅深表赞同，还进一步反思，倘若君不君，臣不臣，父不父，子不子，即使国家粮食堆满，也不见得轮到自己吃（即国家政权发生危机，性命不保）。把正名提高到国家安危的高度，政权危机感油然而生，孔子游说之力可见一斑。真不明白，为何他周游列国总不遭待见，原因大概只能是生不逢时，明珠暗投了。"不在其位，不谋其政"一语，没有具体语境再现，亦无须具体语境，这句至理名言多少年来不断被各阶层人士奉为座右铭。很多时候，人们习惯从消极意义上理解这句话，明哲保身，少惹是非。其实，从管理学意义上讲，它回答了管理学上一个最基础的命题：团队中工作分工、职责明确的问题。中国式管理的基本命题恐怕就是源于孔子的正名说。有趣的是，孔子的正名说不断被弟子们回忆，在《论语·子路篇》中，有关于正名说得非常生动的对话，而且是在师生之间展开的。孔子莽撞而又忠心的弟子子路向老师请教一个问题：设若卫国国君任用你治理朝政，你打算先做什么？孔子毫不犹豫地回答："必也正名乎！"没想到子路竟然嘲笑老师的"迂"，气得孔子大喝"野哉由也"。"由"即子路，孔子骂他太放肆了。一着急，说了一串义正词严的绕口令："名不正，则言不顺；言不顺，则事不成；事不成，则礼乐不兴；礼乐不兴，则刑罚不中；刑罚不中，则民无所措手足。故君子名之必可言也，言之必可行也。"所谓名正言顺也是由此而来。有名分，才能说在名分上的话，此谓顺，言顺则事成，颇有蝴蝶效应的味道。因此，管理中的角色分工、职位认定、责任确立是非常重要的基础工作。教育管理亦如此。教师管理意识的正名说，恐怕要复杂一些。套用孔子说话的风格，一方面要有师师、生生的正名与分界，一方面要看到师生名分在教育活动中的转换与融合，前者维护了"师道尊严"，后者显示了师生关系的张力，一味强调任何一方面都会落入机械混乱的窠臼中。

 **资料链接**

齐景公问政于孔子。孔子对曰："君君，臣臣，父父，子子。"公曰："善哉！信如。君不君、臣不臣、父不父、子不子，虽有粟，吾得而食诸？"

（《论语·颜渊篇》）

（参考译文：齐景公问孔子如何治理国家。孔子说："做君主的要像君的样子，做臣子的要像臣的样子，做父亲的要像父亲的样子，做儿子的要像儿子的样子。"齐景公说："讲得好呀！如果君不像君，臣不像臣，父不像父，子不像子，虽然有粮食，我能吃得上吗？"）

子路曰："卫君待子而为政，子将奚先？"子曰："必也正名乎！"子路曰："有是哉，子之迂也！奚其正？"子曰："野哉由也！君子于其所不知，盖阙如也。名不正，则言不顺；言不顺，则事不成；事不成，则礼乐不兴；礼乐不兴，则刑罚不中；刑罚不中，则民无所措手足。故君子名之必可言也，言之必可行也。君子于其言，无所苟而已矣。"

（《论语·子路篇》）

（参考译文：子路对孔子说："卫国国君要您去治理国家，您打算先从哪些事情做起呢？"孔子说："首先必须正名分。"子路说："有这样做的吗？您想得太不合时宜了。这名怎么正呢？"孔子说："仲由，真粗野啊。君子对于他所不知道的事情，总是采取存疑的态度。名分不正，说起话来就不顺当合理，说话不顺当合理，事情就办不成。事情办不成，礼乐也就不能兴盛。礼乐不能兴盛，刑罚的执行就不会得当。刑罚不得当，百姓就不知怎么办好。所以，君子一定要定下一个名分，必须能够说得明白，说出来一定能够行得通。君子对于自己的言行，是从不马马虎虎对待的。"）

**2. 愿景论与管理凝聚力**

据说孔子一生三千弟子七十二贤人，他们追随孔子也是很辛苦的事情。孔子自称周游列国犹如丧家犬，吃闭门羹是常事，饥饿困顿不说，也不乏性命之虞，弟子不离不弃，侍奉左右。孔子离世，不少弟子自愿守墓三年，子贡守墓六年，与孔子的情感早已超越"一日为师，终身为父"的情结。他们把孔子视作精神领袖。《论语》结集成书，集合了弟子，乃至弟子的弟子对老师音容笑貌、言谈举止、品性德行、思想观念的追随与弘扬。如果把孔子与弟子视作一个学习团队，这个团队的凝聚力何在？可能有人会归因于孔子的学识与人格影响，显然这是不错的。只是，当我们深入《论语》为我们提供的教育场景，自然会发现，孔子真是一位杰出的团队领袖。学习过程中，他经常会与学生一起谈人生理想，用今天教育行话来说，就是注重人生理想教育；用当代教育管理的语言说，就是善于用愿景凝聚团队人心。

有一段被尊为儒家入世理想的经典话语常常被引用："老者安之，朋友信之，少者怀之。"（《论语·公冶长》）使年老的人有安定的生活，让朋友信任，年轻人归附、追随我，这是孔子在听完学生的志向后，被学生子路追问而回答的话。我们可以想象，有那么一个不算忙碌的时间，可能是学习的间隙，可能是孔子专门抽出的时间，我更相信是前者。孔子就是这样一位润物细无声的老师。看着身边的颜渊、子路，老师看似漫不经心地说："为什么不说说你们的志向呢？"爽直的子路率先说："愿车马，衣轻裘，与朋友共，敝之而无憾。"（希望能与朋友共同分享我的车马和好衣服，即使用破、穿破，也没有遗憾。）朋友对子路很重要，生活要充满呼朋唤友的乐趣。孔子最得意的学生颜渊轻轻吐出几个字："愿无伐善，无施劳。"（希望不要夸耀自己的长处，也不要表白自己的功劳。）你看，多低调呀，好像还是好学生更贴近老师的理想。

孔子对学生理想教育最为人熟知的就是经常被中学语文教材选入的《子

路、曾皙、冉有、公西华侍坐章》，题目都是教材编者另外加上去的。这是《论语》中最长，可能也是最生动的语段，有对话，也有难得的神情细节描写，在丰富的对话中可以看出教师引导、启发的风采，更可以看出不同个性的学生对人生理想的不同追求。老师先让学生不要拘束，想说就说。之后抛出一个问题，假如有人赏识你，你打算如何去做？这种时候，可以猜到，总是子路第一个发言："千乘之国，摄乎大国之间，加之以师旅，因之以饥馑，由也为之，比及三年，可使有勇，且知方也。"最传神的一笔出现了，"夫子哂之"，"哂"什么，就是"讥讽地微笑"。一言不发，不做评判。接着又问了几个学生，学生回答后老师都不做评价。最后让一直在旁边鼓瑟的曾皙回答，曾皙似乎不大敢说，前面几位同学都是要治国安邦，自己的理想跟他们很不一样。在老师的鼓励下，说了一段充满诗意的话："莫春者，春服既成，冠者五六人，童子六七人，浴乎沂，风乎舞雩，咏而归。"这段话意思就是，暮春三月，已经穿上了春天的衣服，我和五六位成年人，六七个少年，去沂河里洗洗澡，在舞雩台上吹吹风，一路唱着歌走回来。没想到，话音刚落，老师长叹一声："吾与点也！"即"我太赞同曾皙的想法了"。估计其他几个学生很失落，接二连三地先出去了，被表扬的曾皙留下来，他注意到老师对子路的哂笑，老师掏心窝子地对曾皙说了一段话，意思就是前面几个学生要治国安邦，却不知治国安邦的根本是"仁"和"礼"，曾皙所言，就是礼乐治下的社会和乐图呀。其实，曾皙要从事的差不多就是教师职业。通过教化改变人心，就是孔子的理想，也是他不断传递给学生的政治抱负。就是在孔子的潜移默化下，弟子们追随着他的脚步，历经十四年的周游列国，尽管理想未能实现，但成就了一批为理想抱负不断努力的仁人志士，或文或武，能文能武，有的倒在安邦治国的杀戮中，有的成为传承老师理想的布道者。愿景的力量在孔子的教育管理中是黏合剂，更是催化剂。

中小学教育是播撒学生理想种子的重要时期，特别是中学阶段，是学生世界观、人生观、价值观形成的重要阶段。英国心理学家研究表明，15岁是一个人立志的最好阶段。孔子自述："吾十有五而志于学。"（《论语·为政》）教师作为学生学习组织的管理者，要成为学生人生理想树立的领路人。组织发展的愿景应该与学生的志向有高度的契合，只有这样，组织的凝聚力才会更强。

 **资料链接**

子路、曾晳、冉有、公西华侍坐，子曰："以吾一日长乎尔，毋吾以也。居则曰：'不吾知也。'如或知尔，则何以哉？"子路率尔而对曰："千乘之国，摄乎大国之间，加之以师旅，因之以饥馑，由也为之，比及三年，可使有勇，且知方也。"夫子哂之。"求，尔何如？"对曰："方六七十，如五六十，求也为之，比及三年，可使足民。如其礼乐，以俟君子。""赤！尔何如？"对曰："非曰能之，愿学焉。宗庙之事，如会同，端章甫，愿为小相焉。""点，尔何如？"鼓瑟希，铿尔，舍瑟而作。对曰："异乎三子者之撰。"子曰："何伤乎？亦各言其志也。"曰："莫春者，春服既成，冠者五六人，童子六七人，浴乎沂，风乎舞雩，咏而归。"夫子喟然叹曰："吾与点也！"三子者出，曾晳后。曾晳曰："夫三子者之言何如？"子曰："亦各言其志也已矣。"曰："夫子何哂由也？"曰："为国以礼，其言不让，是故哂之。""唯求则非邦也与？""安见方六七十、如五六十而非邦也者？""唯赤则非邦也与？""宗庙会同，非诸侯而何？赤也为之小，孰能为之大？"

（《论语·先进篇》）

（参考译文：子路、曾晳、冉有、公西华四个人陪孔子坐着。孔子说："我年龄比你们大一些，不要因为我年长而不敢说。你们平时总说：'没有人了解我呀！'假如有人了解你们，那你们要怎样去做呢？"子路赶忙回答："一个拥有一千辆兵车的国家，夹在大国中间，常常受到别的国家侵犯，加上国内又闹饥荒，让我去治理，只要三年，就可以使人们勇敢善战，而且懂得礼仪。"孔子听了，微微一笑。孔子又问："冉求，你怎么样呢？"冉求答道："国土有六七十里或五六十里见方的国家，让我去治理，三年以后，就可以使百姓饱暖。至于这个国家的礼乐教化，就要等君子来施行了。"孔子又问："公西赤，你怎么样？"公西赤答道："我不敢说能做到，而是愿意学习。在宗庙祭祀的活动中，或者在同别国的盟会中，我愿意穿着礼服，戴着礼帽，做一个小小的赞礼人。"孔子又问："曾点，你怎么样呢？"这时曾点弹瑟的声音逐渐放慢，接着"铿"的一声，离开瑟站起来，回答说："我想的和他们三位说的不一样。"孔子说："那有什么关系呢？也就是各人讲自己的志向而已。"曾皙说："暮春三月，已经穿上了春天的衣服，我和五六位成年人，六七个少年，去沂河里洗洗澡，在舞雩台上吹吹风，一路唱着歌走回来。"孔子长叹一声说："我是赞成曾皙的想法的。"子路、冉有、公西华三个人都出去了，曾皙后走。他问孔子说："他们三人的话怎么样？"孔子说："也就是各自谈谈自己的志向罢了。"曾皙说："夫子为什么要笑仲由呢？"孔子说："治理国家要讲礼让，可是他说话一点也不谦让，所以我笑他。"曾皙又问："那么是不是冉求讲的不是治理国家呢？"孔子说："哪里见得六七十里或五六十里见方的地方就不是国家呢？"曾皙又问："公西赤讲的不是治理国家吗？"孔子说："宗庙祭祀和诸侯会盟，这不是诸侯的事又是什么？像赤这样的人如果只能做一个小相，那谁又能做大相呢？"）

### 3. 言传身教与管理榜样力量

师范教育对"师范"二字的解释深入人心，"学高为师，身正为范"。一部《论语》就是孔子言传身教的真实记载，因为众多弟子的记录，尽管多为语录，仍不乏生动传神的描摹。了解孔子音容笑貌、言行举止、生活习惯，最集中、具体、传神乃至有趣的是《乡党篇》，27 章 800 多字，为后人还原了一个活生生的孔子。学生对老师的追忆，都是在长期相处中镌刻在学生心里的老师形象，很多具体的细节构成一个完整的、立体的、生动的、真实的人，这个人是靠自己的言传身教影响每一个学生的。

学生们回忆老师的生活习惯：食不语，寝不言。席不正，不坐。一看就懂，大家都会认可，生活起居，修身基本功课。20 世纪 70 年代中国大地掀起批孔高潮时，一段关于饮食习惯的文字常常被用来批判孔子生活的奢华堕落，特别是"食不厌精，脍不厌细"，几乎变成腐朽生活的代名词。那个时代，没人敢于承认自己也是如此或向往如此。今天，我们要心悦诚服地向两千多年前的孔子致敬，他是一位生活理念科学、习惯健康、善于自我管理的人。对一位与学生朝夕相处的老师来说，健康的饮食习惯对学生也是很好的熏陶。孔子不是追求好吃好喝，而是懂得享受生活和节制自己。同在《乡党篇》中，特别有一段文字为上述内容作补充："虽疏食菜羹，必祭，必齐如也。"特别告诉我们，即使是粗米饭蔬菜汤，吃饭前孔子也要把它们取出一些来祭祖，而且表情要像斋戒时那样严肃恭敬。

《乡党篇》开篇就是一段非常形象的文字，把不同场合老师的神情仪态铺陈描摹，栩栩如生。"孔子于乡党，恂恂如也，似不能言者；其在宗庙朝廷，便便言，唯谨尔。""朝，与下大夫言，侃侃如也；与上大夫言，訚訚如也。君在，踧踖如也，与与如也。"不同场合，孔子表现不同，得体合适，张弛有度，收放自如。

最让学生难忘的是一次马厩失火，孔子事后得知，只是追问是否伤及人，绝口不问马匹是否受损。

这些就是学生眼中的孔子，也许孔子从没有刻意表现以求万世流芳，倘若那样，不仅很累，而且也会很假，不过，他以当时已经开始失落的礼乐文化要求自己、塑造自己，内心强烈追求并驱动自我的提升，的确起到了榜样的作用。教师管理意识也许不需要条分缕析的陈述，可能就在"润物细无声"的潜移默化和言传身教中不断发挥作用。

 **资料链接**

　　食不厌精，脍不厌细。食饐而餲，鱼馁而肉败，不食；色恶，不食；臭恶，不食；失饪，不食；不时，不食；割不正，不食；不得其酱，不食。肉虽多，不使胜食气。唯酒无量，不及乱。沽酒市脯，不食。不撤姜食，不多食。

（《论语·乡党篇》）

　　（参考译文：粮食不嫌舂得精，鱼和肉不嫌切得细。粮食陈旧和变味了，鱼和肉腐烂了，都不吃。食物的颜色变了，不吃。气味变了，不吃。烹调不当，不吃。不时新的东西，不吃。肉切得不方正，不吃。佐料放得不适当，不吃。席上的肉虽多，但吃的量不超过米面的量。只有酒没有限制，但不喝醉。从市上买来的肉干和酒，不吃。每餐必须有姜，但也不多吃。）

**4. 知人善用与管理资源配置**

有教无类与因材施教，常常作为教育中相伴而行的原则施教于人。前者表达教育大视野，后者表达教育大智慧。从管理学角度说，两者都接近于现代管理学资源配置理论。资源指社会经济活动中人力、物力和财力的总和。资源需要配置，说明资源相对于需求的稀缺性。人力，是所有资源中最重要、最难把控的部分。教育活动不同于经济活动，没有物品生产环节，也难以即刻产生效益，但是，作为社会发展的重要组成部分，其人力几乎就是管理中的全部资源。既然有教无类，那么，所有人都可以成为接受教育的对象；也正因为如此，面对有教无类的群体，就必须因材施教。《论语》中最经典的因材施教例子就是《先进篇》子路和冉由与老师的问答。

子路和冉有都问老师：听见了好的道理马上就去施行它吗？老师的回答却不一样，一个阻止，一个鼓励。这都被善于观察的公西华发现，并请教老师，老师也坦率地告诉学生理由：冉有生性谦让、低调，所以要鼓励他积极作为；子路性格张扬、好勇过人，所以要阻止他，让他三思而行。

在良好的师生关系中，知生莫若师。孟武伯想为难孔子，把孔子几个得意的学生一个个地问过来，问题只有一个，即你的学生达到"仁"的要求了吗？孔子回答有分寸，既懂学生，又对他们有更高期望。他指出每个学生的能力、特点，能做的事情，至于是否"仁"，用了"不知"的表述，不说学生"仁"，也不说学生"不仁"，只是说自己不知道他们是否"仁"。"仁"是孔子一生追求的人生和社会的理想境界，他不敢轻易说自己和学生已经做到，他有把握的是，每一个学生能做什么，能发展到什么程度，甚至可能有什么样的结局。

《论语》中有一段话很让人回味：

闵子侍侧，訚訚如也；子路，行行如也；冉有、子贡，侃侃如也。子乐。"若由也，不得其死然。"（《论语·先进篇》）

几个学生围着老师，老师一看，有的和悦温顺；有的刚强自信；有的快乐自如。孔子很高兴。但孔子又忧心忡忡："像仲由这样，只怕不得好死吧！"仲由，即子路，那个刚强自信，总是抢着做事、抢着说话的男子汉，其实，孔子很喜欢他，但也总是最担心他。果不其然，子路最终还是倒在为人卖命的厮杀中。孔子不是这些学生人生的统治者，但确实是一个规划者。在平时的教育活动中，总是因势利导，知人善用，如果把他的弟子看成一个团队，他就是这个团队杰出的资源配置者，尽量把每一个学生放在最合适的位置上，这就是人力资源的最优组合。

 **资料链接**

子路问："闻斯行诸？"子曰："有父兄在，如之何其闻斯行之？"冉有问："闻斯行诸？"子曰："闻斯行之。"公西华曰："由也问闻斯行诸，子曰'有父兄在'；求也问闻斯行诸，子曰：'闻斯行之。'赤也惑，敢问。"子曰："求也退，故进之；由也兼人，故退之。"

（《论语·先进篇》）

（参考译文：子路问："听到了就行动起来吗？"孔子说："有父兄在，怎么能听到就行动起来呢？"冉有问："听到了就行动起来吗？"孔子说："听到了就行动起来。"公西华说："仲由问'听到了就行动起来吗？'你回答说'有父兄健在'，冉求问'听到了就行动起来吗？'你回答'听到了就行动起来'。我被弄糊涂了，敢再问个明白。"孔子说："冉求总是退缩，所以我鼓励他；仲由好勇过人，所以我约束他。"）

孟武伯问："子路仁乎？"子曰："不知也。"又问。子曰："由也，千乘之国，可使治其赋也，不知其仁也。""求也何如？"子曰："求也，千室之邑、百乘之家，可使为之宰也，不知其仁也。""赤也何如？"子曰："赤也，束带立于朝，可使与宾客言也，不知其仁也。"

（《论语·公冶长》）

（参考译文：孟武伯问孔子："子路做到了仁吧？"孔子说："我不知道。"孟武伯又问。孔子说："仲由嘛，在拥有一千辆兵车的国家里，可以让他管理军事，但我不知道他是不是做到了仁。"孟武伯又问："冉求这个人怎么样？"
孔子说："冉求这个人，可以让他在一个有千户人家的公邑或有一百辆兵车的
采邑里当总管，但我也不知道他是不是做到了仁。"孟武伯又问："公西赤又
怎么样呢？"孔子说："公西赤嘛，可以让他穿着礼服，站在朝廷上，接待贵
宾，我也不知道他是不是做到了仁。"）

## （四）现代班级授课制与教育管理文化

汉语言中，弟子和学生的称谓可能是教育模式变化的重要标志之一。班
级授课制之前的教学活动，弟子是教师生活的全面追随者，他们不仅向教师
学习知识，而且认同教师的人生追求，与教师朝夕相处，随侍左右，在这个
意义上，师生关系颇似传统技艺传授中的师徒关系。师傅或师父，更彰显师
生关系中"一日为师，终身为父"的亲情一面。正因为这样的特点，注定班
级授课制之前的教育只能以小范围、个性化的模式存在，学习活动更多以无
处不在的学习和讨论的方式进行。于是，我们看到，几乎与中国学术思想史
上最开放活跃的春秋战国时代同期，在雅典，苏格拉底、柏拉图和亚里士多
德的传承，既是学问上的继承与批判，也是理想上的追随与弘扬。今天我们
看到的春秋战国时代百家争鸣的辉煌，也多与不同流派的弟子代代相传有关。
继孔子之后的儒家继承者，孟子、荀子等，师承关系多有渊源。这样的师徒
关系在教育史上，随着工业革命的到来，社会经济发展对教育功能提出了人
才培养的功利化的需求而终结。知识要批量售卖，技能要规模产出，班级授
课制被广泛应用，现代学校规模效应开始出现。不是简单批评班级授课制，
它出现的合理性和价值下文将要论及，我们想表达的是，也许，班级授课制
更适合用管理学的视角去看待。

### 1. 工业化与现代学校体制

班级授课制的出现要早于工业革命。主要生活在 17 世纪的哲学家和教育
学家夸美纽斯（Comenius，Johann Amos）首次系统阐述学年制和班级授课
制。基本内容是，每年招生一次，学生同时入学，以便使全班学生的学习进

度一致，学年结束时，经过考试，同年级学生同时升级。与之相应，学校管理的基本要求都做了明确规定。夸美纽斯的阐述不是空穴来风，也不是异想天开。之前长期存在的宗教学校，从布道需求慢慢扩展开的对人的培养，因其弘扬道义的需要逐渐形成教育规模，班级授课制雏形已经形成；更主要的是，夸美纽斯人文主义思想和"泛智教育"观必然呼唤班级授课制的出现。所谓"泛智"，就是使所有的人通过接受教育而获得广泛、全面的知识，从而使智慧得到全面的发展。这位少年时代失去父母，在宗教团体兄弟会的呵护关心下成长起来的教育家，遵奉所有人都有接受教育权利的理念，带着宗教的热情投入初为人师中，他不断设想和思考新的教育模式与教学方式。至今为止，中外教育基本没有突破以他的代表作《大教学论》为标志的教育理念、原则、方式和学制。

 **资料链接**

　　夸美纽斯一个重要贡献是，在教育史上他最早从理论上详细阐述了班级授课制以及相关的学年制、学日制、考查、考试制度。虽然早在欧洲宗教改革时期，在耶稣会派和路德派等教派学校的教学实践中，已经出现了分班、分级教学制度，并且按年、月、周规定教学进度。但是，夸美纽斯是对班级授课制等作系统理论阐述的第一人。他以太阳的"光亮和温暖给予万物"而"不单独对付任何单个事物、动物或树木"为依据，论证了班级授课制的必要性和可行性。他认为班级授课制是对教师产生激励作用，提高教学效率的有力手段。他指出班级授课制的具体方法是：根据儿童年龄特点和知识水平，将儿童分成不同的班级；每个班级拥有一个专用教室；每个班级有一位老师，他面对全班所有学生进行教学。与班级授课制相关，他还提出了学年制、学日制、考查和考试制度。他主张在一般情况下，各年级都应该在每年的秋季开始和结束学年课程，其他时间不应该接收任何儿童入学，以保证全班的学习进度一致，都能在学年底结束相同课程的学习，经考试升入更高年级。每日上课时间为 4 小时，在每学习 1 小时后休息半小时。每年有 4 次较长的休假日，每次休息 8 日。关于考查和考试制度，他提出建立学时考查、学日考查、学周考查、学季考试和学年考试。其中学年考试是最重要的考试，通常在学年结束时举行，通过抽签进行口试，合格者均可升级，不合格者必须重修或勒令退学。夸美纽斯以他在教育理论上的卓越贡献，奠定了西方教育思想史上的重要地位。

（百度百科，引用日期：2015 年 8 月 31 日）

### 2. 规则与管理效益

看夸美纽斯的学年制与班级授课制，不难发现，现代教育管理的主要手段是规则。规则意识既是现代教育的重要内容，也是教育管理的基础和前提。教师管理意识，往往首先体现在规则意识上。新生一年级入学，第一课的主要内容常常就是做规矩，俗话叫作"收骨头"。各种各样的要求一股脑儿地抛给学生。本意是丑话说在前面，达到的效果可能不尽如人意，弄得孩童害怕上学，把学校视作"牢狱"，即使切近的管理效益之差也可想而知。

好的教育需要规则，但是，需要具备两个特点，一是尽量简单，二是追求共识。过多的规则往往等于没有规则；不以告知方式单向传递，而以商讨方式双向互动，取得共识，往往更有效。关键在于规则制定，是否更有利于人的发展。唯其如此，才有真正长远的教育效益可言。

 资料链接

当手机刚出现时，学校的困惑是，学生该不该有手机，学校是否允许带手机？这样的困惑真的不该是问题，犹如 20 世纪 80 年代，改革开放之初，学生能否穿牛仔裤，戴手表，之后演绎为，是否一定要穿校服，乃至发型、化妆、书包等等，一系列看似问题的问题，恰恰说明问题不是出在新出现的外物上，根源在人的思想观念上。今天，当智能手机俨然成为与外部世界建立联系最便捷、最丰富的平台时，学校还能明文规定禁止学生带智能手机吗？教育管理若有专业性可言，对于手机进校园之类的事情恐怕要有更多的理性。犹如电脑与网络进校园，电子书包、在线慕课，大势所趋，它们可以成为有利的学习工具与学习资源，当然也有可能变成学习的干扰器，只是因噎废食的恐惧不仅愚蠢，而且危险，可能会扼杀教育创造力。也许智能手机可以成为学生自我约束能力提升的一个契机。需要和学生讨论的是，什么样的规则能够满足学生、学校、家长、教师以及学习的共同需求。

（《教师手记》，艾苹）

### 3. 分享与管理文化

好的规则通过个体认同的约束可以获得最大可能的自由空间。在一定的自由空间中，学会分享，愿意分享，充分分享，将会改变、提升团队个体的价值观，由此形成不断进步的团队文化。用分享引导团队文化建设，是教师管理意识的核心内容。萧伯纳由"苹果交换"推衍思想分享的收获是很好的价值观引导。你有一个苹果，我有一个苹果，交换一下，每个人还是一个苹果。你有一个想法，我有一个想法，交换一下，每个人都有了两个想法。俗语"三个臭皮匠，凑成一个诸葛亮"的智慧与之异曲同工。有形物品的等值交换没有增值效应，无形想法的充分沟通带来的是精神世界的丰富与共享。

分享不仅是一种态度，也是一种能力。让学生理解分享的价值，主动分享，是一种态度的养成；如何分享，如何最有效地分享，如何在快乐、轻松的状态下充分分享，是教师管理意识中不断要思考和强化的内容。

 **资料链接**

班级、课堂应是团队分享最好的平台和载体。譬如说，一切教育活动中的学生交流，特别是语言交流，本是非常好的分享方式。我们会发现一个非常有意味的现象：学生随着年级的上升，越来越不愿意在公开场合发表意见。佐藤学在《静悄悄的革命》一书中，描述日本小学课堂"闹哄哄"（发言过剩），初中、高中课堂"静悄悄"（拒绝发言）；并与欧美课堂作比较，"欧美小学里，学生是从小声的不甚清楚的发言开始起步的，进入初中、高中后，越往上走越能活泼地、明确地发表意见或表现自己"。佐藤学从小学就开始的"主体性假象"造成学生逆反心理的角度来寻找原因。所谓主体性，是指日本中小学教学中以解放学生从属关系和制约获得自由的学生观，之所以说是假象，在佐藤学看来，这样的学生观在真实的课堂教学中从形式上被强化，而学生的主体性并未很好体现。我们认为，中国和日本同属东方社会的另外一些特点，也是导致这种现象的重要原因。因为人口众多而导致的竞争压力，使得学生保守学习经验而不愿与人分享；东方社会内敛的心理特征使逐渐长大的学生更倾向于自我评价的谨慎，担心出错招人笑话，都会影响学生在公共场合发表意见的状态。不能忽视的另一个原因是，在长期以班级为单位的学习过程中，许多教师不重视学生分享习惯的养成。

（《教师手记》，艾苹）

### 4. 个性与管理境界

管理中通过规则达到基本目标，依靠分享追求目标更为充分地实现，不是管理中的逐级进阶，而是管理意识完整性、系统性的必然要求，呵护和张扬每个成员的个性同样也是教师管理意识非常重要的内容。这个观点可能与一般意义上的管理目标有冲突。人们更愿意倾向通过管理达到团队成员的一致性和更多的共性，认为只有这样，团队管理的目标才更容易实现。班级授课制的出现正是与这种认识契合，所以当我们看到现代学校在推动社会经济社会发展的积极贡献的同时，也不无遗憾地感受到以班级授课制为基础的现代学校教育带来的磨灭学生个性的问题。当然，这也是一个非常复杂的问题。个性问题很大程度上与民族特质、文化传统、社会体制产生千丝万缕的联系，学校教育不过承载了彼时彼地、此时此地特定历史阶段、空间领域的综合元素，但是，不得不承认，班级授课制，相比较之前师徒传授的游学、塾教，客观条件上更不容易关注到每个学生的个性。这也是导致现代学校管理中，包括教师管理意识中个性培养不足的重要原因。在这个意义上，管理中的个性问题不仅仅是当代中国所谓"应试教育"盛行下才有的问题。

中国历来就有"教书匠"一说，估计没有教师真正愿意把自己列入"匠"的行列。有匠气，且匠气十足，那是把教师工作与手艺人的技艺相比。我们一点也没有歧视手艺人的想法，其实，工匠的职业特点实乃满足社会之需，匠气本身无过，况且好的匠者也会在有意无意间追求自己行当的灵性与风格。只是当教师不把自己的工作看成需要不断深入学习、不断产生创意、不断深入人心的职业时，止乎技艺的匠气自然出现。目前遭人诟病的把学生变成"刷题机器"的应试教育正是容易把教师变成匠人的罪魁。姑且不说教师作为学生引导者的角色定位，单就一个管理者的岗位职能而言，管理者不是暴君，也不是武大郎开店的角色，用一个统一模式去塑造、改造学生是教育管理的大忌，也是现代教学管理特别要关注的问题。

教师管理意识中，只有充分了解、尊重、鼓励和张扬学生个性，才会有和谐而有活力的团队产生，才有可能形成以人为本的管理文化，"和而不同"比之于"求同存异"，更应该是教师追求的管理境界。

 **资料链接**

前一段时间，不经意间翻阅丰子恺先生漫画集，其中有几幅以教育为题材的漫画，令人印象深刻。画作时间应是 20 世纪 20 年代，差不多半个多世纪后，80 年代，其好友叶圣陶先生还是很有感慨地说道："《教育》画的是一个工匠在做泥人，他板着脸，把一团一团泥使劲往模子里按，按出来的是一式一样的泥人。介不是还有人在认真地做这个工匠那样的工作呢？直到现在，还值得我们深刻反省。"（《丰子恺漫画全集·前言》）丰子恺先生画如其人，漫画最为突出的讽刺性在他的笔下多化为温润的笔触、诗意的情怀和谐谑的意趣，唯独这几幅画作抨击性强了许多，而且主题一致，不断强调教育对人的个性的压制乃至泯灭，画家对现代教育的担忧与不满溢于画面。

（《教师手记》，艾苹）

## 二、管理学视野下的"西学"与"中学"交融

清末洋务派在"西风"渐进时，自以为是的抵挡态度是"中学为体，西学为用"。此为洋务派救国实践的指导思想，内涵阐释见张之洞的《劝学篇》。之所以说这样的想法是"自以为是"，主要是因为他们愿望良好，实际上做不到；称之为"抵挡"，意在表明保守与改革、中学与西学间冲突激烈，抵挡的姿态实在有些被动。"体"为思想文化之根本，必须沿守中国传统文化；"用"强调借鉴西方科学技术的功能，自然只能是学其技艺，期待以夷制夷。称他们为洋务派，真的有点冤枉了他们，他们致力于洋务，却始终怀有一颗"中国心"，把中国传统文化，特别是儒家学说当作不可撼动的思想文化之根。历史以朝代更迭、革命风涌的方式宣告了洋务运动的失败。但是并不意味着"中学为体"的不当，也不说明中国不需要西学。洋务运动从科技制造层面对中国近代工业文明的影响力没有因为政权更迭而彻底结束，甚至可以说，"西学为用"的指导思想开启了中国近代工业文明的先河。时隔一个多世纪重温"中学为体，西学为用"的思想，在深刻体认前人面对中西方多维度冲突时的尴尬与焦虑、变通与期待时，更要思考世界文明如何从融合的角度缓解冲突。对管理学认知与实践，也要从东西方管理文化的交融中形成系统、完整的意识。

## （一）管理程序与管理艺术

### 1. 从泰勒程序效益到卓别林人物塑造

前文已经说到，管理行为自古就有，把管理作为一门学科，成为一个具有学术性、系统性和操作性的知识领域，在人类历史上时间并不长。西方工业革命的出现，是管理成为一门科学学科的重要时间节点。没有工业革命就没有管理科学的产生。弗雷德里克·温斯洛·泰勒生活在美国 19 世纪后半叶和 20 世纪初叶，这位从工厂走出来的管理学家和经济学家几乎在生产车间的每个岗位上都工作过。他从一名学徒工开始，先后被提拔为车间管理员、技师、小组长、工长，直至设计室主任和总工程师。历数他的企业工作经历，重点不是说作为管理科学的创始人，他的基层工作经验多么丰富，而是想引起人们对他成长背景的关注。正是在工业革命蓬勃发展的背景下，泰勒以一位资深亲历者的身份思考如何摆脱作坊时代的经验管理，使效益和效率更高。与之同时代的人思考同样问题的一定不在少数，关键是他把管理方面的"杂谈"结构化、系统化、实证化。人们经常引用他对科学管理的定义很有特点，严格意义上说，不是定义，而是内涵的诠释："诸种要素——不是个别要素的结合，构成了科学管理，它可以概括如下：科学，不是单凭经验的方法。协调，不是不和别人合作，不是个人主义。最高的产量，取代有限的产量。发挥每个人最高的效率，实现最大的富裕。"没有用学术语言抽象出科学管理的概念，可以使我们对管理科学产生亲近感。他对标准化、流程化、绩效化等管理科学特点的研究得到人们普遍重视和认可，也直接推动工业社会效益产生的最大化。

当然，社会为之付出的成本与代价也很大。如果我们要了解这样的成本与代价，可以从一位比泰勒晚出生 30 多年的一位美国伟大的电影演员的作品来看。查理·卓别林（Charles Chaplin）在 1936 年导演并主演了《摩登时代》。该剧反映的是美国 20 世纪 20 年代经济萧条时期小人物的悲喜剧。倘若是多年以前看过这部电影的人，今天回忆这部电影的故事情节可能会有些困难，不一定说得清楚；不过，几乎所有看过这部影片的人一定不会忘记影片男主角发疯时的喜剧噱头：在街头，见到所有类似于六角螺帽的东西都要去拧紧，包括女人裙子上的扣子。因为这位可怜可笑的男主角发疯前的工作就是在工厂的流水线上不断拧紧每一个六角螺帽。从影片主题内涵的深刻性和表达艺术的夸张性来看，这一细节真是精彩万分。从管理学角度看，流水线上的工人就是生产程序上的一个机器，或者说是整部生产机器中肉做的一个部件，甚至一颗螺丝钉。工厂效益就在机械的流水线、刻板的程序操作中产出，而活生生的人为此发疯，变成疯狂运转停不下来的机器。泰勒管理学在美国社会发展中的极端影响可见一斑。其实，泰勒在他的管理学系统中已经注意到管理科学中的"人性"问题，希望更多的管理者能够从"人性"的角度考虑管理中的问题，可惜，他对此没有来得及做太多的研究。可能与工业社会高速发展对工作节奏的要求有关，人性的具体感受被湮灭在对效益的更高追求中。

**2. 从德鲁克日志到管理的艺术追求**

泰勒的遗憾给德鲁克在管理学领域的贡献留下了很大的空间。德鲁克著作等身，他年逾九旬的时候，把一生关于管理学的思考和策略编著成行动指南的《德鲁克日志》，其核心思想是关注组织中的人，关注"自由、尊严和社会中人的位置，组织的作用和功能，人的成长和组织的成长以及社会的健康发展"（《创建一个新社会——德鲁克日志·推荐序》，黄建东）。从泰勒摒弃经验主义的科学管理哲学到德鲁克把"社会、组织和个人置于一个大的系统去研究"的思想，我们看到管理学越来越关注组织中的人。非常重要而有趣的是，德鲁克认为"管理是一种传统意义上的人文艺术"（《新现实》德鲁克），这与当代对管理学越来越学术的阐述很不一样，在他看来，心理学和哲学、经济学和历史、自然科学和伦理学等等，都是管理学涉猎的领域，而法学和政治学则是管理学的起步领域，他对人文领域的重视可见一斑。在这个意义上，泰勒和德鲁克不仅是管理学家、经济学家，还是重要的思想家，两位思想大师对西方思想的贡献有目共睹，而后者在西方管理思想史上的影响力尤盛，被尊为"美国商业和管理界思想大师中的执牛耳者"（转引自《德鲁克日志——366天的洞察力和灵感》，彼得·德鲁克，约瑟夫·马恰列洛）。

对泰勒和德鲁克的管理学思想回顾既是对近现代管理学思想大师的致敬，也是要由此引出一个基本观点：教师管理意识的形成，从学科思想的获取到知识系统的建立，可能更多地要从西方现当代管理学中吸收精髓，逐步形成和训练自己规范、严谨、有序的管理意识，毕竟西方管理学的学术历史要比我国早得多；而教师管理意识的实践，正如德鲁克所说，管理是一种人文艺术，之所以称之为"艺术"，"是因为管理涉及实践和应用"，如何做管理更需要立足本土的创造性。从一般意义上说，管理实践都要早于管理理论，作为管理实践者，教师一定是带着自己成长的文化传统把管理学知识"集中到效益和成果上——集中到如何治愈一个病人，培养一个学生，架设一座桥梁，设计并销售一套'用户满意'的软件上来"，因此，对中华传统文化熏陶下的教师，管理意识的提升一定要植根于本土文化丰厚的土壤中，把自古以来的管理实践之范例、管理思想的之精粹作为滋养。教师管理意识的提升一定是在东西方管理文化交织点上，尊重西方管理学诞生与发展的历史，重视管理实践的本土文化影响，做一个有国际视野和本土情怀优秀教育管理者。因此，我们将追求更有张力的态度，从更加宽泛的人文领域讨论教师管理意识形成的一些关键内容。

 **资料链接**

有两句名言可以概括出组织的"精神"。一句是安德鲁·卡耐基（Andrew Carnegie）的墓志铭：

"这里长眠着一个人，

一个知道如何招募到比他更强的人

来为他服务。"

另一句激励残障者去寻找工作的口号："重要的是能够做什么，而不是不能够做什么！"哈里·霍普金斯（Harry Hopkins）是个极好的例子。二战期间，他是富兰克林·罗斯福总统的心腹顾问。当时的哈里·霍普金斯是个垂死的人，每走一步对他而言都是折磨，而且他隔天才能工作几小时。这使得他不得不将活动次数减少到最低限度，只做些最为关键的事情。然而，他不仅没有失去效率，而且还被丘吉尔首相称之为"核心人物"。他在战争期间的贡献是在美国政府里其他任何人都无法比拟的。为了能让垂死的哈里·霍普金斯发挥独特的贡献，罗斯福打破了一切陈规陋习，给他提供便利条件。

（《管理实践》，彼得·德鲁克）

### （二）教师领导力与学校价值观

教师在学生学习组织中管理者角色要求教师应该成为有领导力的人。领导力是教师专业成长的重要内容。在课程与教学改革过程中，人们越来越重视学校教师的作用。过去很长时间里，改革只有自上而下推行的做法受到很大质疑。课程改革的策源地在学校，校长是课程改革的第一责任人，为强调这种职责，特别表述为"校长课程领导力"。与之相应，要求教师有课程执行力。这样的提法从管理学上看，似乎分清了不同层级人员的工作内容与岗位职责，但是，可能带来的一个问题是，把课程与教学改革如此复杂而重要的工作做如此明确的切分，校长有不能承受之重，而教师似乎只能是被动执行校长旨意的操作者。其实，确切诠释校长课程领导力，我们就会发现，校长是课程领导力的核心人物，必须有一个以校长为核心的团队一起领导学校课程与教学改革。只是这个团队在许多学校的管理组织中，多限于学校中层以上的行政管理人员，很少把每一个教师都纳入校长的领导力团队中。教师是有执行学校相关工作的职责，但同时又应该是不同层级组织的领导者。直接面对学生的教师，更需要有领导力。课程与教学改革如此，日常教育管理更应如此，无论是学科教学活动，还是主题教育活动。

提升教师领导力，专业素质要求至关重要。更多的研究者开始关注一个普通教师专业素质显性要求之外的内容，这些内容往往以学校文化、学校精神象征等为核心。更有研究者敏锐地捕捉到影响教师专业素质要求的隐性因素，如教师的哲学、史学和文学的知识背景，它们与教师对国学等人文科学学习紧密相关；之外还有教师教育学、心理学等知识背景。这些因素在研究中的凸现，特别是对以国学为特征的文史哲知识背景的关注，为教师专业成长打下浓厚的文化底蕴和精神底色。这个底蕴及底色，铸就了教师的文化心理结构。

**1. 文化心理结构：族群归属的心理标志**

一般认为，文化心理结构是指传统文化在人们的日常行为模式、思维方法、情感态度中的积淀，它是民族心理的一种稳定的模式。传统文化是文化心理结构的基石，其影响通过人们的思想情感、行为方式表现出来。文化心理结构具有民族性、群体性和稳定性的特征。正如血缘关系是人们认定自我种群归属的生理标志一样，文化心理结构恰恰是人们确认自我族群归属的心理标志，只不过后者的归属感比前者更加隐蔽，有时甚至连本人也不易察觉。事情的特殊性恰恰在于，越是不易察觉的文化心理结构，越在人们面对客观世界所有问题时持续释放巨大的影响力。

著名学者李泽厚从中国思想发展史的角度梳理了中国文化心理结构的框架，探寻了这个框架的核心。发轫于孔子的仁学模式，经由孟子、荀子、董仲舒直至后世传人，"从不同方面把孔子仁学结构不断丰富，而成为中国文化心理结构的主体部分"（《中国古代思想史》，李泽厚），墨家、兵家、法家、道家等思想流派一方面被儒家不断地"不留痕迹地吸收了所容纳的""许多思想和观念"，一方面顽强地保持着思想独立者的姿态，成为中国文化心理结构主体部分的重要补充，如由《老子》到兵家、法家的"对待人生世事的那种极端'清醒冷静的理智态度'"，特别是由庄子到禅宗的思想美学，"补充了儒家当时还没有充分发展的人格——心灵哲学"。需要特别指出的是，这样的文化心理结构不论人们是否自觉意识到并承认，"在长久的中国社会中，已无孔不入地渗透在广大人民的观念、行为、习俗、信仰、思维方式、情感状态……之中，自觉或不自觉地成为人们处理各种事务、关系和生活的指导原则和基本方针，亦即构成了这个民族的某种共同的心理状态和性格特征"。可以说，中国文化心理结构就是中国人的文化身份。有了这种文化身份，游走在世界任何民族的文化地带，都不会失去鲜明的文化身份特征。这也是一个世界性的文化现象。德国作家汤玛斯·曼在纳粹迫害下逃离德国，在异国的土地上他对记者说："凡我在处，即为德国。"很清楚，他说的德国是自己心中文化意义上的祖国。只要还有自己民族文化的印记，即稳定的文化心理结构，祖国就在每一个人的心里。

**2. 校训：学校核心价值观的表达**

学校历来都是传播文化、生成文化的场所。更多的教师开始接受中西合璧的教育，他们的文化心理结构是否有很大改变，进而可能会影响学校核心价值观的取向，都是值得关注的问题。

一般认为，文化心理结构具有相当的稳定性。但是随着文化元素的不断改变，或者在一个特殊的社会文化环境中，文化心理结构会逐渐发生变化，进而影响人的价值取向，也是不争事实。

学校核心价值观是客观存在的学校文化，不论是否明确提出"学校核心价值观"这一概念，它总是或隐或显地通过学校人群的所有言行表现出来。学校常常用校训传达学校核心价值观，在这个意义上，校训往往就是学校核心价值观的载体。

国内一些著名的大学和中学的校训不无例外地表现了办学者对学校价值取向的深刻影响。北师大"学为人师，行为世范"的校训，精辟地诠释师范的要义；上海交大"饮水思源，爱国荣校"的校训成为一代代莘莘学子不息的理想追求；东南大学"止于至善"的校训表达了对教育功能最本质的理解；上海格致中学"格物致知，求实求是"的校训沐西学渐进之风而不忘国学精粹。同时也必须看到，还有许多学校对学校核心价值观的作用认识不足，校训的文化内涵不足，对传统文化在现代生活中的意义认识不够，更有许多基础教育阶段的学校还没有自己的学校核心价值观。教师作为学生学习组织的具体管理者，是否把校训作为价值观教育的重要内容，体现出具有差异性的管理意识。即使没有校训的学校，一个优秀的教育管理者，一定也会在管理组织内部形成有价值取向的观念，这就是许多班风、学风能够建立的思想依据。

教师作为管理者，应该审慎于自己的文化心理结构，说到底，文化心理结构最重要的影响力就在价值系统层面，因此，教师要有文化心理结构的定力，才能在文化潮流交互作用的当下，成为核心价值观的守护神。

**资料链接**

　　从哲学的反思回到对现实的关注，几乎所有人都看到传统与现代文化、东方与西方文化交汇处风云激荡。学校核心价值观受到前所未有的挑战，是不争的事实。这不仅仅是学校文化建设的困境，也是整个中国社会在当下面临的文化困境。从古到今时间纵深和从西到东空间延展的文化双重压力，碾压着整个社会的价值体系。

　　压力首先来自对传统文化在现代社会中生命力的质疑。文化的界定是一个颇有争议的概念，但不论如何界定，都不能否认它的确是一种稳定的力量，教化人心，是维系一个民族精神成长的命脉。问题在于，中国传统文化从近代起就不断受到挑战和冲击，挑战与冲击不仅来自西方文化，也不断与现代文化衍生的观念冲突。远的不说，从五四新文化运动起，对自己民族古老文明的一次次反思都走到了矫枉过正的境地。古老的传统文化走到当下，是否还有生命力，它的立足点又在哪里，是当下许多人共同关心的问题。

　　压力还来自对中国文化如何保持其独特性的忧虑。著名学者龙应台曾经对"西风劲吹"做过非常形象生动描述："它已经不是一个西学东渐的那个阶段，它早就已经从大门、从窗子、从地下水道、从门缝里头全面地进入。它已经从纯粹的思想跟抽象的理论那个层次，已经深入渗透到变成你生活里头，你呼吸的，你眼睛看到的，眼睛一睁开来的世界，渗透到你的最具体的生活内容跟细节之中了，这是我们的生活状况。"也许不是所有人都赞同龙应台的描述，可能在程度上每个人的感受有一定的差异，但是"西风"越吹越猛是无可争辩的事实。龙应台抛给所有生活在现代的中国人一个问题：全球化了，我在哪里？这个"我"既是每一个具体的人，更是地球上任何一个民族、任何一种文化、任何一个国家文化意义上的"大我"。"我"的独特性还在吗，许多文化学者深感忧虑。

　　上述两个问题的症结在于，中国现代社会文化的多元因素交织在一起，给社会价值体系带来诸多问题。西方文化的价值观开始进入，构筑在传统文化基础上的价值体系已经动摇、涣散。固有的价值体系在打破，新的价值体系尚未建立。有破有立，本是社会运动的规律，破而未立则会导致社会危机。没有可以被大多数认可的价值体系，社会风气、习俗、观念、信仰混乱、纷杂。面对多元文化的态势，学校核心价值观体系无法避免地受到冲击，甚至连核心价值观也陷入困境。

"这是一个最好的时代，也是一个最坏的时代。"19世纪英国作家狄更斯（Charles Dickens）《双城记》中的经典名言不断在每一个变革的时代回响。现代中国经济改革带来的诸多社会变革又一次使人们对狄更斯睿智而富有张力的话语充满感慨。中国社会价值体系以及学校核心价值观面临的就是这样一种一言难尽的局面。

鲁迅在20世纪30年代《拿来主义》一文中描述当时人们对外来军事、经济、文化等侵略的感受："我们被'送来'的东西吓怕了。先有英国的鸦片，德国的废枪炮，后有法国的香粉，美国的电影，日本的印着'完全国货'的各种小东西。于是连清醒的青年们，也对于洋货发生了恐怖。"大半个世纪过去了，和平时期，西方"送来"的东西更加多了，只是人们，特别是年轻人不仅不恐怖，反而欢呼雀跃，唯恐趋之不及。时至今日，外来文化之多，比70年前呈几何等级的增加，但依然是送来的多，送出的少，拿来的更少。与70年前相比，中国人身后的传统文化正在消失，进退失据，游走于文化失根的漂浮状态。不独是中国大陆，就连传统文化传承得相对完好的台湾也面临这样的困惑。台湾诗人余光中在《从母亲到外遇》一文中忧郁地说："当你的女友已改名玛丽，你怎能送她一首《菩萨蛮》？"

多元文化的存在本来不是一件坏事情，但是一个社会缺乏对多元文化的安置能力，没有形成自己文化的定力，多元文化就可能不再是滋养，甚至演变成泛滥的洪水，会冲垮人们精神的堤防，形成社会价值体系的真空地带。这个真空地带的形成，对社会价值体系，特别是学校核心价值观来说，既需要艰难的厘清，更意味着有价值的重建。这是一个不断出现难题的时代，也是一个可以不断解决难题的时代，正是在这个意义上，学校核心价值观的构建，遭遇了一个最坏的时代，也可能逢上了一个最好的时代。

（《教师手记》，艾苹）

## （三）教师责任意识与绩效倒逼机制

讨论这个话题，先要关注一个现象：企业管理讲绩效，天经地义；教育管理要绩效，谈虎色变。

德鲁克引用萨伊（J. B. Say）所说的"企业家"——管理者的责任，即"管理者要利用好组织的思想和资源，争取最大化的成效与贡献"（《管理：任务、责任与实践》，彼得·德鲁克）。问题在于，教育是其他任何类型组织的一个例外，谈论绩效似乎就会违反培养人的规律。

### 1. 教育绩效的误解与疑虑

我们会看到，谈到学校绩效，包括教师的绩效工资，时时处处充满认知和实际利益冲突。如果对教师管理提出绩效观的理念，恐怕会有更多的误解与疑虑：教师直接面对学生，学生培养看绩效，是否只看学业成绩；学业成绩尚可量化，除此之外的学生成长怎可量化；不能量化的成绩如何通过科学的评价方式检测等等。

误解与疑虑亦属人之常情。关键是对教育管理要有科学理性精神。倘若我们承认学校教育也是一种组织活动，那么，管理者通过组织各项活动，如课堂教学、班级教育等，实现组织活动的目标，如学业成绩的取得，学生身心的成长等，自然就是教育管理的绩效。

绩效对管理者至关重要，"管理者必须对产生绩效负责——不管是经济的绩效、学生的学业，还是病人的护理，因为这些都是每个组织赖以生存的基础。"德鲁克没有把教育作为"例外"的领域排除在管理绩效之外，犹如医疗，同样把病人的医治、护理作为绩效考核的主要指标。

### 2. 教育绩效与教育专业化

学校促进学生的全面发展，是学校教育永远追求的目标，但这个目标的实现，一定是家庭、社会和学校共同努力的结果。在一定意义上，三者中社会的责任远远大于家庭和学校。因为家庭和学校的教育观往往是社会价值观的直接反映，绝大多数家庭和学校的教育问题都是社会问题的折射，学生的具体问题一定又有着家庭问题的烙印。

学校作为教育的专业机构，要研究所有教育问题发生的原因，提出专业解决的方案，但最为重要的是明确学校教育最主要的功能与责任，即学生学业成绩的进步。我们可以从两个层面理解学业成绩，一是对学业成绩的宽泛理解，学生在校学习的全部生活都是课程，学生通过课程学习，全面提升学业成绩，不仅仅是升学考试学科的分数；二是对学业成绩相关因素的关注，学业成绩背后有许多推动和制约学业成绩的因素，好的学校教育会越来越关注学业成绩背后的内容，换言之，要关注学业成绩取得的成本与代价，比如学生学习兴趣、动力、习惯，学生作业负担、睡眠时间，学生体质健康状况以及师生关系等等。有了这两个层面的理解，教育绩效就是可以理直气壮追求的目标。没有学业成绩的教育是不负责任的教育，只讲学业成绩的教育是没有后劲的教育。这样的绩效观是要形成一个倒逼机制，倒逼学校课程与教学的变革，倒逼教师在课堂、在班级的教育活动中不断改进工作，以期最终倒逼社会、家庭人才培养和选拔的观念改变。

 资料链接

### 沪中小学推进"绿色指标"测试
### 十大指标全面衡量学业质量

去年，本市构建了中小学生学业质量绿色指标，对学生学业质量的评价不再是以学业成绩为单一标准，而是由十大指数进行全面综合的衡量。除分析学业水平外，还考察品德行为、身心健康水平（包括学生近视率、肥胖率、身体素质等）、学习动力（包括学生学习自信心、学习动机、学习压力、学生对学校认同度）、学业负担（包括睡眠时间、作业时间、补课时间）、师生关系等因素，关注学生的全面成长。

东方网9月5日消息：记者昨天获悉，新学期开学，本市将多管齐下，推进"绿色指标"评价走向深入。各区县将获得评价的具体结果，作为改进教育教学的"依据"。今年下半年，本市将组织第二次"绿色指标"测试，进一步考察教育工作对学生身心发展的影响。

今年 7 月发布的 2011 年度"绿色指标"测试结果显示：上海学生学业成绩比较优秀，区县间、学校间成绩比较均衡；学生学习动力较强，对师生关系和教师教学方式评价良好，学生品德认知发展水平总体较好，体质健康水平得到提高；学生社会经济背景对学业成绩影响较小，在学生健康快乐成长的过程中，学校在很大程度上弥补了家庭环境不利的影响。但无论小学还是初中，学生学业负担依然偏重，不到一半（44%）的四年级学生能有每天 9 小时以上睡眠时间，仅有 13% 的九年级学生每天能保证 8 小时睡眠。测试结果同时揭示：学生的内部学习动机高（学习主要出于求知欲、学习兴趣、改善和提高自己能力的愿望）、学习方法好、学习自信心强、师生关系好，学业成绩相对较好。学习压力大（主要是学习过程中产生的心理负担和焦虑）、外部学习动机强（主要是为了得到教师或父母的奖励或避免受到惩罚而学习）的学生，学校成绩相对较差。

"绿色指标"测试结果反映了学业质量方面的一些基本现象和规律，新学期开学，本市将推动区县教育部门和学校读懂自身的测试结果，分析成绩和不足，找出影响本地区、本学校学生学业质量的关键因素，从而采取针对性改进措施。比如，发现某所学校学生学习成绩相对偏低，主要是由于师生关系、教师教学方式因素造成的，那就需要提高教师教学能力，引导教师主动走近学生、关心学生。同时，本市还将挖掘区县和学校中的好典型，例如在促进学生全面发展、减负增效方面比较突出，通过探求这些成功做法，全面加以推广。

（《文汇报》，2012 年 9 月 5 日，苏军 焦苇）

### （四）教师人文情怀与人性思辨

说到管理学中的组织，往往会想到组织结构、形态、目标、计划、任务等，对组织中的人很少首先想到。而恰恰是人，人的群体构成了组织。没有人，无所谓组织。一旦成为组织中的人，人的本性、特质又会被组织形态、特点取代，很多时候，人在组织中的角色就像组织这部机器上的一个部件，甚至一颗螺丝钉。

教师管理意识中对组织（班集体或其他教育组织形式）中的成员，即学生，从管理领域特点说，应该更看重组织成员的天性与禀赋、兴趣与习惯，因为管理的直接对象是人而不是产品，正如世界上没有完全相同的两片树叶，也没有两个完全一样的人。面对每一个学生都是独特的"这一个"，教师管理意识中非常重要的就是以强烈的人文情怀关照每一个组织成员，让他们以独特的自我在和谐的组织中找到存在感并共同完成组织和个人的目标。

**1. 传统文化视角下的人性解读**

德鲁克说："管理通常要涉及人的本性。"（《教授管理工作》，彼得·德鲁克）人的本性究竟是什么？众说纷纭，见仁见智。上升到哲学层面思考人性，在中国文化先哲那里，答案不同。孟子被认为是性善论的代表，也有人说，孟子提出的是人性向善，不是人性本善。其实，两者区别不大，向善的本性也即性本善的一面。孟子把人性善比作犹如"水之就下"（《孟子·告子上》），是自然天性。善的天性具体表现在人的同情心、羞耻心、恭敬心、是非心这"四心"上。"恻隐之心，人皆有之；羞恶之心，人皆有之；恭敬之心，人皆有之；是非之心，人皆有之。恻隐之心，仁也；羞恶之心，义也，恭敬之心，礼也；是非之心，智也。仁义礼智，非由外铄我也，我固有之也。弗思耳。"这段经典的言论，把孟子对人性的认识说得清清楚楚，明明白白。同时，孟子也指出，善的本性也会被外物带坏，也需要好好护养。

众所周知，同是儒家学派的荀子认为"人之性恶，其善者伪也"。荀子的话听上去没有孟子性善论入耳，但道理颇值玩味。荀子不否认"善"的存在，只是善是"伪"的结果。"伪，人为也。"就是说，人的"善"是后天教育教化的结果。对此，荀子也有一段发人深省的话："今人之性，生而有好利焉，顺是，故争夺生而辞让亡焉；生而有疾恶焉，顺是，故残贼生而忠信亡焉；生而有耳目之欲，有好声色焉，顺是，故淫乱生而礼义文理亡焉。然则从人之性，顺人之情，必出于争夺，合于犯分乱理而归于暴。故必将有师法之化，礼义之道，然后出于辞让，合于文理，而归于治。用此观之，然则人之性恶明矣，其善其伪也。"这段话也是有理有据，掷地有声。几千年来，常有性善性恶争论不休，各执一词之人，但也有学者在比较两者观点中看到了对人性殊途同归的认识。性善论者，坚信人性有良知、良能的同时，鼓励人修身养性，保持本真；性恶论者，看到作为动物的人的本能，积极提倡用教化改变人性。两者都需要教育的作为，这就是它们相通之处。

西方教育人本主义以行为心理学研究为基础，从刺激反应得出人的向善、向上、向好的本性特质。人有向善的倾向，有向上的需求，还有过更充实的生活的向好愿望，这些都要通过教育获得滋养、动力。这也是人性实证研究的一个有影响力的观点，似乎更倾向于孟子的性善论。

**2. 儒家文化推己及人的人性关怀**

从孔子到孟子、荀子，儒家学派从精神和实践上一脉相承，在实现政治理想、社会抱负的过程中，钟情教育，为人师表，传承儒家思想。

说到底，还是孔子更高明。他没有纠结在性善性恶的话题上，说到此，他总是绕开，强调"性相近也，习相远也"（《论语·阳货》）。既然"习相远"，所以要通过教育改变，只是在孔子看来，"唯上知与下愚不移"（《论语·阳货》）。这句话容易遭到误解，觉得孔子戴着有色眼镜看人，把天才看得太高，把愚笨之人看得太死，言下之意，只有在"上知下愚"之间的大众才是可以教化的。仔细想想，孔子真的厉害，对教育改变人性的作用看得很清楚很理性，教育有作用，但教育不能改变一切。人性的善恶不重要，重要的是能推己及人，所谓"己所不欲，勿施于人"（《论语·卫灵公》），了解自己的欲望，就知道人的本性，不要强加于人。孔子认为这是一辈子要做的事情。教师管理意识中只要有这样朴素的人性观作基础，关心每一个组织成员，体察他们内心诉求，就能够在组织中得到拥戴，成为组织成员认可的领导者。

## （五）教师系统思维与学习型组织建立

管理是一个动态发展的过程。过去、现在和未来，从时间维度上是同向度的推进，自成系统；自我与他人，组织内外成员，组织之间等空间呈发散性的维度，编织成纵横交错的空间系统。时空交织，向度多维，管理意识需要系统思维。从哲学层面上说，关注联系是哲学思维的基本方式之一，因为世界是普遍联系的，这是非常基本的世界观。源于气象学，后来被社会学、经济学等领域广泛运用的"蝴蝶效应"，核心理念也是强调世界充满联系，当然更强调一个很小的诱因可能使许多看不见的事物不仅相互联系，更会有越来越大的连锁反应。管理学意义上的系统思维，实践意义尤为重要。近现代管理学的发展在太长的时间里，为追求更高效益，更多强调分工、部门、分阶段计划和分层级管理，管理思维的线性、封闭性程度很高。有专家特别指出，组织管理者往往只会处理"细节性复杂"（detail complexity），而无法处理"动态性复杂"（dynamic complexity），就是缺乏系统思维的反映。

**1. 绝对重视系统与适度忽略部分**

理解管理学层面的系统思维，首先可以建立管理中系统与部分的概念。系统由部分组成，如果只管理部分，忽略部分的互动关系，整体系统可能无法发挥作用。很多系统问题来自系统结构和组成部分的互动关系。例如，学科教师如果在教学管理中只关注学生学科学习部分，忽略班级学风、学生学习习惯等其他部分的相互影响，教学管理的绩效，特别是学业成绩，可能就会成为一个孤立的顽症，会事倍而功半。同样，在班主任工作中，如果班主任只关注班级管理的事务性工作，忽略学生学科学习过程的状态，班级管理就失去最重要的基础和平台，任何花团锦簇的班级管理，都是无本之木，成为标签式的空中楼阁。

**2. 重视因果思维与关注相关思维**

教师管理意识中的系统思维还要建立问题因果关系的关联。"果"是指问题的明显症状，"因"是指与症状最直接相关的系统互动。真实世界是由许多因果环组成的，由果寻因，是传统思维培养中最为关注的一种模式，可能有的迷思是，在诸多因果环中，会被某些线段型的封闭因素干扰而迷失真正的原因所在，因为因果时常在时空上并不紧密相连，也不都是直线关系。

在大数据时代的背景下，系统内问题的关联已经从绝对的因果关系转变为更多的相关性联系，这对人们思维方式产生很大影响。奥伦·埃齐尼奥（Oren Etzioni）创建 Farecast，起步于创立了一个预测系统，这个预测系统建立在 41 天之内的 12000 个机票价格样本基础之上，数据全部来自一个旅游网站。这些数据的意义不是说明为什么某个时段的机票价格高或低，但它能够告诉人们机票价格的走势，以便人们更清楚地决定什么时候购买机票更便宜。对购买机票的人来说，也无须知道哪些因素导致机票价格的波动，只要知道机票走势的相关信息即可。这种思维方式的变革，是对传统因果关系思维的重要补充。在大数据时代，影响管理的因素有很多，有些问题不一定都要从果到因地去解决，关注与之相关的信息与数据，从相关性中建立预判和决策，也是解决问题、提高效率的途径。

### 3. 找准重心与撬动杠杆

教师管理意识中的系统思维还要关注解决问题的重心与杠杆，此为解决系统问题的关键。现代学习组织结构多元，学校教育中班级授课制的固定班级概念正在打破，课程的丰富性让学生有了更多的选择性，可能因此而碰到了问题与困难就更多。解决这些问题和困难，需要探寻因果关系，也需要关注相关性因素，在诸多与之相联系的因素中，要关注解决问题的重心在哪里，撬动问题的杠杆又是什么。例如，我们会看到学生学习的动力不足，被动学习不仅效率降低，还使学生有过重课业负担之感。负担是一个关乎每个人感受得非常主观的体验，当外部施于的学习动机过强而内部学习动机不足时，负担就会异常沉重，反之，重并快乐着的体验也是很美好的。因此，当我们在一个更完整的系统中关注并考虑解决问题时，就要考虑到学生动力不足的外部与内部因素，学校和家庭在指导、保障学生学习上的一致性如何等等问题。而撬动这个问题解决的杠杆一定不是简单灌输学习意义与价值，可能是在观察中关注学生的学习兴趣、诉求，也可能是考虑通过更为一致的家校沟通互动剔除违背教育规律和学生身心发展规律的不科学做法，杠杆寻求的要点是"牵一发而动全身"的敏感性、关联性及系统性。

上述三个角度可以促使我们特别关注教师管理意识中的系统思维。这种思维方式与习惯的养成有一个非常的平台，即学习型组织。让学校成为学习型组织，让每个教师带领的学习团队成为学习型组织。在有别于传统组织特点的新型组织内考虑系统与部分、结果与原因、重心与杠杆的关联性。

 资料链接

### 我所理解的"学"与"习"

翻阅相关资料，可以看到半个多世纪以来心理学家、教育学家对"学习"所做的学术化的定义。在诸多用不同语汇表述的定义中，有几点认识是共同的。一是学习是一个动态的过程；二是经验对学习很重要；三是经验要通过个体行为强化。对学习的理解也有分歧，主要集中在学习是否一定会使个体呈现稳定而持久性的变化过程上。

探究"学习"这两个字的本原，我们就会惊讶地发现几千年前古人对学习的理解一点也不比今人差。"学"有两种写法，本作"斅"（xiao），《说文解字》注："学，觉悟也。"为什么"斈"就是"觉悟"呢？可以从象形字中窥探一二。斈的下半部为一孩童模样的符号；中部为一"宀"部首，有"深屋"和"覆盖"之意；表达"童矇（蒙）故教之觉之"之意。汉代王充在《论衡·量知》解说："人未学问曰蒙。"所以孩童读书叫作"启蒙"；上半部左右为"手"的象形，中间为"爻"字的象形，有"变化"之意。字的完整意思是：在成人双手的扶持下，蒙昧的孩童开始觉悟变化。这就是古人对"学"的理解。所以，《增韵》中说："受教传业曰学。"就是说，学既指学生学，也指教师教。所以，《学记》中说："学然后知不足，知不足然后能自反也；教然后知困，知困然后能自强也，故曰教学相长也。"也就是《兑命》中讲的"学学半"。理解"学学半"，要注意一个语言现象，《兑命》上的"学字谓教"，"学"与"教"字同形，"学学半"，说的就是学生的学和教师的教，强调的是教和学同等重要且相互促进。"学"就是教与学的互动，古人早就拥有这些可贵的认识了。

再看"习"字：习，《说文解字》解释为"从羽白声"，意为"数飞也"。"鹰乃学习，引申之意为习孰（熟）。"今人所讲的练习、温习、演习、实习等等，都是"学"之后的不断巩固，反复操练，深入实践，即"习"。这个字的意义是从观察自然界动物的行为而引申出来的。鹰况且如此，而况人乎！孔子深谙其中道理，所以很感慨地说："学而时习之，不亦说乎？"（《论语》）因为对学习理性的认识和实践而快乐无比，这是智者的生活。

据上述对"学"与"习"两个字的分析，"学习"一词，从本意上说，就是对经验的互动接受和反复实践，这也是学习的广义理解。人与动物都是如此，在这个意义上，学习是动物的一种本能。

人类文明的历史证明，人之于"学习"应该比其他动物高明得多。于是，学习有了属于人类自己的定义，也就是狭义的学习的概念。

狭义学习可以理解为人类在成长过程中凭借先天本能和后天能力，有意无意地通过模仿、接受、体验、实践、反思和创造，持续不断、推陈出新地适应并改变环境的过程。

从一定意义上讲，学习型社会和组织属于明天，因为它们有待于今天秉持正确的学习理念慢慢建造，没有今天的努力建造，很难走向理想的明天。学习型学校的完善也在于未来。我们必须于现今把握未来，一个有使命感的教育人士应该为学校型学校雏形的出现不断"学"与"习"。

### 我所理解的"学习型学校"

"学习型学校"是学习型组织的一个特别形态。特别之处在于学习型学校在组织发展的动力上应该比其他任何学习型组织更容易体现"学习是组织原动力"的特征。首先，学习本身就是学习型学校的"产品"。学习型学校对学习的理解应该更准确和深刻。其次，学会学习是学习型学校重要的研究和实践工作，在共同的教学活动中师生对正确的学习观有更深切的体验，从而可以迁移到对学校发展中个人所起作用的认识，更容易让组织成员体验学习对个人和组织发展的价值。

学习型学校可能具备以下特质：

- 拥有共同的价值观
- 学习是师生内在的需求
- 学会学习是学习的主要内容
- 尊重每一个生命的价值
- 认真倾听和自由表达各种想法
- 管理文化淡化，归属文化增强
- 校长是学习文化的引领者、实践者
- 个体与团队的双赢

上述特质具体表述为，学习型学校的学习不仅仅为获取学习目标的知识与能力，更是一种伴随终身的生活方式；师生学习的动力不是目标驱动，而是在共同价值观凝聚下生命价值的提升；师生个性得到充分尊重和发掘；信息没有阻隔，交流畅通，共同分享；学习既靠制度和机制保证，更靠文化的熏陶和认同；有一位从大局着眼、注重战略、对教育充满虔诚和奉献精神的校长引领，他懂得给教师和下属工作的空间，他知道师生的发展需要时间，更需要支持……在这个组织中，每一个人都自觉地提升自我，在提升自我的同时，不断走近学校的共同愿景。

毋庸讳言，"学习型学校"在今天依然具有浓厚的乌托邦色彩。从理论上讲，它应该存在，但是，如果依然把学校教育效果和升学成绩简单等同，考试分数仍是学校唯一重要的事情，那么，学校工作重心不可能发生根本转移，学习型学校也没有生长的土壤。然而让我有信心把这个话题说下去的原因是，教育变革的复杂性决定了任何短期内发生奇迹的想法都是非常幼稚的。学习型学校的理念变成真正的学校教育实践，还有很长的路要走，在今天还会碰到很多阻力。不过，明天的学习型社会、学习型组织，包括学习型学校，有待于今天秉持正确的学习理念慢慢建造，没有今天的努力建造，很难走向理想的明天。学习型学校的完善在于未来，我们必须于现今把握未来。今天，一个有使命感的教育人士应该为学校型学校雏形的出现不断"学"与"习"。

（《教师手记》，艾苹）

第三章

走向"领导者"：教师管理意识的实践

管理学作为一门新兴学科，不是空中楼阁，它的横空出世在于创始者把其他许多领域看上去不太相关的知识通过目标、效益联系起来，形成以大量案例做支撑的管理践行系统。教育管理也不例外。

管理是"王道"，"王者"乃孩童之王——教师；"王道"，即教师以仁爱呵护孩子，此乃沿用历史上"王道"的社会理想的本意。中国传统的师生关系有威严和温情的不同侧面。特别强调"王道"中仁爱要义，主要是因为历史上的师生关系确实有紧张、对立的一面。梁启超对师生关系作了形象的类比，学生视学校如囚牢，畏教师如狱吏，犯人和狱吏的关系。其实，梁启超这一番话是受人启发而说的，此人就是明代中叶的教育家王守仁。他指出当时从事儿童教育的教师，每天只是督促儿童读书习字，想使儿童修身、聪明，但不知用什么样的方法，对待犯错误的儿童，用鞭打，用绳缚，就像对待囚犯一样，其结果是儿童"视学舍如囹狱而不肯入，视学长如仇寇而不欲见"（《训蒙大意示教读刘伯颂等》，王守仁，转引自《中国教育史》），传统教育对儿童身心健康的摧残绝非一日，这个致命的弱点给传统教育活动中的师生关系带来重创。学生服从老师，不代表他心里服帖老师；学生可能会对老师如父辈般敬重，但很难使学生对老师产生亲近之情。

本章以"领导者"来定位教师教育管理中的角色，就是想表达教师管理意识的一个重要定位，不以管教者出现，让管理走向"领导"。领导者，引领、导向之意也。从管理技巧上讨论管理意识，可能会陷于无法穷尽技术的泥潭。德鲁克认为："管理是一种实践，其本质不在于'知'，而在于'行'；其验证不在于逻辑，而在于成果。"（转引自《创建一个新社会——〈德鲁克日志〉推荐序》，黄建东）问题还在于除了因为技术性的做法难以一一罗列，更因为对管理者而言还有个性、风格的差异。本章将结合部分实践中的"表现样例"重点观察和讨论面向学生学习组织，教师管理过程和行为需要具备哪些必要的思考和能力，这可能是构成教师管理意识比较重要的内容。

## 一、亦师亦友——组织管理身份确认

对管理，我们常常会想，是管事还是管人。遇到要解决的问题时，常常会说，解决方案是对事不对人，避免当事者可能会有的误解；而更多的管理是用管"人事"来模糊管人管事的两难，实际操作中更倾向于管人带来的管理权力体验。德鲁克说："管理的任务是要使人能够协调合作，扬长避短。这是组织的全部内涵。"（《新现实》，彼得·德鲁克）他说得清晰直白，换种方式理解，管理的任务不是管住人，而是管好人；所谓组织是人的组织，而非由人生出的事的组织。因此，在观察教师管理意识时，首先要关注教师管理组织的人，包括教师自己。观察的主要群体是教师与学生，他们之间是什么样的关系，直接决定在组织中的角色定位。

### （一）师生关系回眸

现代师生关系既是对过去师生关系传统的承接，又带有近现代社会人际关系理解的鲜明特点。

两千多年前的儒家思想以宗教般的戒律在中国大地生根、发芽、开花、结果，传统礼教下的师生关系以师道尊严为基本特点，尽管老师们诲人不倦，言传身教，但是，教师权威神圣不可侵犯，学生对教师必须绝对服从，"一日为师，终身为父"的教师在对学生家长般的情怀下，教鞭、戒尺是惩罚学生的常规武器，罚站、罚功课是教师威严的具体体现。在教师威严目光扫过之处，一片脑袋顶着诚惶诚恐的服从；当教师威严的声音穿过的时候，一片眼光承接着唯唯诺诺的追随。即使是韩愈，他清醒地看到"弟子不必不如师，师不必贤于弟子"，但他归根到底还是为"师道"呐喊助威的，此"师道"既是从师之道，又是为师之道，"师道尊严"不可废。

近现代民主平等思潮的汹涌澎湃，对社会各种人际关系状态的影响显而易见。20世纪初，梁启超接受了近代资产阶级教育理念，他在反思中国传统师生关系时，痛心地斥责当时毫无人权、人道的体罚。梁启超告诉我们不应该怎样，却没有来得及为后人描绘应该怎样。《徐特立教育文集》中我们看到了一位德高望重的教育家对新型师生关系的看法。徐特立主张教师应表里如一，言行一致，以身作则，做学生的表率，要热爱尊重学生，与学生建立起平等的新型师生关系。

鲁迅更多地以文学家、思想家、革命家的身份为世人所知，我们还应该知道，他还曾经是一位很受学生欢迎的教师。辛亥革命时，他和绍兴师范学校的学生们一起为革命呐喊，为革命成功欢呼；北京女师大风波中，他理解学生、同情学生，为援助学生不惜辞去教职；三一八惨案后，他奋笔疾书，揭露当局对学生的残害，对死难的学生表示最大的敬意和无比的痛惜。他是学生精神的导师，更是学生同一战壕的战友、生活中的亲密朋友。他与学生的亲密关系自然缘于他的民主主义思想，同时也跟他个人的受教育经历密不可分，对旧制度下的传统师生关系的痛楚回忆，对旧教育体制下儿童所受的身心戕害的切肤之痛，使鲁迅先生深感教育变革的迫切。在《我们现在怎样做父亲》《五猖会》《风筝》《从百草园到三味书屋》等篇章中，可以深深体会到鲁迅对儿童的关心和热爱，对旧的教育观念的反思和扬弃。

### （二）当代师生关系观察

当代社会师生关系不能脱离整个社会人际关系现状。现代社会民主进程赋予人权更多内涵，体现在人际关系上，人与人之间的理解、尊重、平等促使人际关系更加宽松、和谐；公民素养中对自我权利的认知、争取和使用，也使越来越多的人享受更多的自由、独立的精神世界。这些趋势都为师生关系奠定了很好的思想基础。师生关系是教师人际关系最重要的组成部分，民主、平等的特点也应是师生关系的基本特征。同时，师生关系也有新的问题产生，一些困惑促使人们反思：民主与平等能否简单替代"师道尊严"；把课堂还给学生是否就不需要教师的讲解与教导；尊重学生天性与诉求是否就不需要教师的匡正与约束，诸如此类的问题不一一列举。正是在看到师生关系的发展趋势和存在困惑的前提下，我们在观察师生关系特点时，力求把"亦师亦友"作为现代师生关系的核心内容。

**1."师道"依旧"尊严"**

教师是中小学校园生活中的成年人，仅就年龄而言，成年人的优势就使得许多未成年的学生以艳羡的目光追随教师，许多孩童的心中都装着一个快快长大的梦想。不论教学中教师与学生的地位如何定义，中小学教师在知识传授上的渊博形象还是令许多学生仰视，更何况在学习组织的管理上，教师是管理者的角色无可争议，让学生服从管理，一般学生也不会有太多质疑。但这不是今天"师道"依旧"尊严"的内涵。

师道尊严在今天首先是学生礼仪规范教育中对长者和劳动者的尊重。有时片面强调师生关系中平等、尊重的一面，就弱化甚至抛弃了社会伦理、人际交往层面的基本规范。特别是在社会转型期，传统伦理道德沦丧、人际关系失范，新的伦理、秩序尚未建立，破而不立，破而未立的情况使得原有价值观颠覆。尊师重道同样受到挑战。学校教育要坚守社会转型期的亘古不变的核心价值。尊敬长者、劳动者就是这样的核心价值。教师作为管理者，在学生学习组织中，要强化这样的价值观教育。

师道尊严在今天还表现在学生人格教育中对教师作为"人"的尊重。也许是因为现实中还存在太多不尊重学生的教师，于是对比较"强势"的教师也时时会成为"弱者"的地位常常忽略。学生、家长辱骂、殴打甚至杀害教师的事情时有发生。如果说这样的情况从概率上讲毕竟很小，有些轻慢、蔑视教师的心态还是比较常见，有些家长觉得花钱可以买到教育、行贿可以买通教师，个别学校和教师的不良行为的确矮化甚至毁坏了学校和教师的形象。教师作为学生学习组织的管理者，可能会承担不该承担的压力。但是，作为管理者在尊重学生人格的同时，要明确尊重的相互性原则，教师首先是普通人，也有尊重人格的需求。

师道尊严在今天还表现在学生学习活动中教师劳动的专业性上。教师是教育活动的主要劳动者，同时还是具有专业技术水平的劳动者。正常情况下，一个教师接受职前教育的成本以及从业后不断学习进修的付出，使得教师职业的专业性逐渐提高。当然，目前教师专业性水平还没达到人们期望的水准，但这并不意味这个职业没有专业性。在这个意义上，教师作为管理者，同样具有管理的专业性，是学生学习组织中不可替代的角色。

**2."主导""主体"并重**

学习组织中的教师与学生，主动与被动关系延续了很长时间，教育者与被教育者，管理者与被管理者，演讲者与听众，甚至演员与观众。这种关系的修正在许多教育改革中又物极必反，把课堂还给学生固然不错，教师变得无足轻重，甚至要一言不发，是形式革命还是真正推动课堂改革，要作审慎考量。佐藤学对日本、韩国、中国香港和台湾等他称之为"旧儒教圈的国家或地区"的中小学教育做了大量考察，他发现"具有讽刺意味的是，这几个地方把'主体性'绝对化的同时，其教学的状况又是世界各国中，被大一统教学形式最顽固地支配着的地方"。（《静悄悄的革命》佐藤学）

不论如何定义教学活动中教师和学生的地位，重视学生学习的主动性，鼓励学生学习的创造性，把学生当作学习主体，应该是正确的。但教师不应该简单成为哲学意义上的客体，许多教学研究者建议教师是学生学习的"主导"，毕竟教与学都有专业性要求，学生也需要一定的学习基础才能够自主、创造性地学习。

作为学习"主导"的教师，在师生交往中，一方面要看到学生有"向师性"的特点，需要受到教师的注意、关心、鼓励和指导；另一方面，教师还更应该注意到随着学生年龄的增长，心理、生理的发展，知识及社会经验的丰富，对教师的人格依附会逐渐减弱，个人尊严感以及行为选择、价值判断上的独立性大大增强，在各种境遇中重视表现自我人格的独立性。因此，教师在和学生的交往中，要时时刻刻注意自己的交往对象尽管是受教育者，但更为本质的属性是时时刻刻在不断成长的具有独立人格的人。正是在这个意义上，教师在和学生交往时，要平等友善、尊重理解，把学生视作亲切的朋友。

 **表现样例**

### 写在落花时节

第一次见小英老师，并不知道她是学校举足轻重的人物，只一眼看到那张笑眯眯的、圆圆的脸，便生出一份莫名的亲近来。

她在黑板上写下"陈小英"三个字，转身告诉我们，她以前并不喜欢这个名字，觉得特别俗。后来渐渐喜欢了，一来是因为不论多大，被人"小英""小英"地叫着，总会感到自己很年轻；二来是知道了名字的含义，觉得很美。她问："你们知道'英'是什么意思吗?"我说："花。"她笑，又问出处。我说："晋陶渊明《桃花源记》，'芳草鲜美，落英缤纷'。"

那以后，我们便私下里叫她"小花"；再后来，她知道自己多了个"昵称"，却也没恼，反觉得自己又年轻了几岁。

听小花上一两节课，是感觉不到什么特色的；可日子久了，就会发现，小花的影响，无论是在课内还是课外，都已潜移默化入骨髓之中，就好比每天吃着白米饭，仿佛平淡无奇；忽有一日不见了这碗饭，才发现再丰盛的菜也代替不了每天不可缺少的主食。

小花很喜欢和大家交流随笔和作文，每一次交流都是思想的碰撞，流光溢彩，灿烂纷呈。我们也总迫不及待地盼着上交的作文或随笔尽快下发。有时候，一些文章并不出彩，可哪怕有丝毫的可取之处，她也总会读给我们听。小花批阅文章是极认真的，每个人本子上的评语，少时三两行，多时甚至几百字。那时候大家都不排斥写作，尤其是写随笔，因为这是我们与小花交流的工具，我们喜欢用随笔向她表达自己的所感所想，或愤世嫉俗，或无病呻吟。有一个学期，小花帮别的班代课，评语便少了。私底下抱怨，被小花听到，她当着面说："要多写四十多份评语，我也累呀!"可下次作文下发时，便又看到了洋洋洒洒的红色字迹。小花的评语对我们来说几乎成了一种习惯，以至于到了高三，看到作文下边只有一个空荡荡的分数，才惊觉，原来我们都是被小花宠坏的孩子。

小花曾向我们说起她从小立下要做老师的志向，哪怕在滁州插队时，本以为与教坛绝缘，却到底"精诚所至，金石为开"。那时，我苦苦坚守了七年的理想正受到打击与嘲讽，我正彷徨找不到方向时，却在小花的叙述中清然泪下。我开始坚信，人生是为了梦而活着。小花告诉我们，她四十五岁的时候给自己定下目标，希望五十岁的时候可以买套房，那一年她做到了；五十岁时的目标是，五十五岁可以出本书，也做到了。小花就是永远这么不疾不徐、不骄不躁地走着，不知道这是在经历过多少世事后才沉淀下来的气质。有时候我会很羡慕甚至是很嫉妒小花，不为她的学识与职称，只因为她身上那份我怎么也学不来的冷静与坦然。

连着几年五月底，小花都会去出中考卷。高一那年出完卷子回来，在楼道碰到她，她说："听说你们没有好好听代课老师的话呀？"我沉寂片刻，小心问她："那，你下学期还会教我们吗？"她有些诧异："教呀，怎么会不教呢？"我低头嚅嚅地说："你去出考卷前说，如果我们不好好听代课老师的话，就不教我们了……"小花促狭一笑："哈，那是吓吓你们的！"

曾经从别的老师口中得知，小花说过，我们班是上天赐给她的礼物。我无法赘述当时听到这句话的震撼与动容。我终于明白，无论我们多调皮，无论小花对我们生气，她总舍不得不要我们，我们于小花，就像亲人一样。

也正因为太熟悉，太亲近，所以小花给我们上完高二的最后一节课，直到放学前来给我们道别说，她又准备去出中考卷，不能陪我们到期末了，我们才猝不及防地意识到离别在即。

所谓离别，不是不见，而是这个人再不能按照如常的规律出现在你身边。

小花说，高三即使分了班，只要我们需要，随时可以找她。

我天生是很浮躁的，因而对小花有一种依赖，依赖于她的从容与沉着。在高三令人窒息的日子里，在坎坎坷坷的起伏中，远远看见小花的笑容，便像是得到一份缓解紧张的良药。

本以为再不能上小花的课，那日却意外地又听了一次小花的讲座，于是仿佛又回到前两年的课堂上，她提问，我呼应。

一天偶然翻到一首白居易的小令——

前度小花静院，不比寻常时见。

见了又还休，愁却等闲分散。

肠断，肠断，记取钗横鬓乱。

景语，情语。像极了那天听完讲座，分别时眷眷地同她说了许久的话，心里有些伤感，只觉得也许今后，再不会有一个人，可以对我如此影响至深。

小花说，在她所有的学生里，我最像一首宋词小令。其实，初入学时，我只是一首唐代的曲子词，尚未成型。经过她两年的洗礼与打磨，才渐趋成熟。

如今，即将离校，这次与小花，是真的远别了吧？又到了芳草鲜美，落英缤纷时节。唯愿杏坛之上，此英不落，此花常开。

孔子弟子三千，贤者七十二人，其中孔子最重颜回。一年一年桃李开落，细细算来，小花的学生大概也近三千了吧？我不敢奢望能做颜回，但求，能是那七十二分之一。

（上海市杨浦高级中学，石梦洁）

## 二、责任赋予——组织管理目标设定

纵观中外教育史，教育目标的确立，表达了人类对教育功能的理解，体现了社会时代发展的现状。尽管影响教育目标确立的因素很多，但都聚焦在培养什么样的人这一目标上。基本命题就是在教育更多关注人的天性与外在世界对人的要求两者之间摇摆。孔子所谓"君子不器"，表达的就是他的教育目标，一个德贤兼备的人不能追求仅仅做一个像器物般的工具。教育是面向人的科学，教育管理研究的是人。从基础教育学校管理的大目标而言，一切为了学生健康快乐成长、为学生未来奠基等理念完全正确。具体到教师管理的具体组织的目标来说，则要根据大目标结合不同学段学生学习需求具体设定。通常意义的班级文化建设，常常把环境布置替代组织内部的目标设定。这里，重点讨论的是，不论目标内容如何设定，对一个组织管理来说，主要任务是把实现目标管理的责任分解到每一个组织成员身上，肩负责任，尽到责任，就是具体组织目标管理的实现。

### （一）责任是组织成员分内之事

赋予责任，不是一般意义的责任感培养。学校教育对责任感培养更容易从学生人格养成角度切入。对自己、对他人、对社会和对自然的责任等等构成一个教育内容序列。责任感是学生人格范畴的心理发展指征，重在对责任的认知、理解。当然这种认知和理解要建立在践行、体验的基础上。培养责任感，可以有许多途径与方式。具体组织管理中的赋予责任，不是为培养责任感而培养责任感。赋予责任，可以让学生增强责任感，而在管理价值上，则是为促使组织内每一个成员的进步和实现组织目标的设定。

### （二）责任岗位的文化意味

组织赋予成员责任，需要任务、岗位、指导和评价。尽责在这一过程中，不同团队和群体需要召集人，召集人主要责任是为组织和成员提供更多的帮助和服务，并在尽责中提升自己的能力。这是岗位文化原有的意味。

具体操作中，习惯的做法就是在学校学生学习组织中设定各种岗位的"干部"。尽管我们在谨慎区分召集人和"干部"的区别，更希望学生是组织中的召集人而不是学校或班级的所谓"干部"，然而出于历史沿革和现实需求的学生干部文化还是无孔不入地进入校园各个角落。

也许是历史上许多高度集权国家特有的现象，从家长到社会，常常把孩子或学生在学校、班级是否当干部作为非常重要的标准，以此衡量学生或孩子是否优秀。家长想方设法托人找关系，靠打招呼当选干部不足为奇。对此，不少人批评成人世界不妥当的做法，很少有人较真这一切对未成年人精神世界的负面影响。有学校和老师为了摆平方方面面关系，也有的为了让每个孩子都有一个干部的位置，干脆设定了全员干部岗位，用心良苦可见一斑。问题在于，首先，即使全员都是干部，岗位还有大小、重要与否等等差别，家长、学生计较手臂上"几条杠"，不就是纠结于此吗？其次，如果不能为所谓"干部"岗位正名，澄清岗位存在的本质意义，即岗位是一份责任，那么，拼爹妈的现象只会愈演愈烈。所有教育问题都不是教育内部的问题，如果社会是一个崇尚"官本位"的社会，学生升学也要看当干部经历，"趋利避害"是人的本性，如何能够让家长、学生"当官"的追求呢？

有一幅漫画，名为《育"官"小学》，画的是一间教室所有的位置都标注清楚干部的名称，所有的孩子都是"官"。这幅漫画刊登在《新华文摘》上，作为在全国颇有影响的人文类学术性很强的文摘杂志，选登这幅漫画，想来上述现象已经引起普遍的忧虑和不满了。

### （三）责任岗位的运作导向

学生学习组织管理需要岗位设定，但不能把岗位变成官位。这不是靠简单说教就可以改变学生、家长的观念的，教师管理在直面官本位思想侵蚀校园文化的基础上，要通过具体管理行为，逐渐改变人们的想法。

一是尽量少设所谓固定干部岗位，岗位一定通过有程序的竞选产生；

二是尽量多设以项目为单位的召集人，鼓励学生自由组合，共同推举召集人，合作完成项目；

三是尽量让每个学生轮流在不同岗位上工作，不是为了过把"官瘾"，而是为了体验做事不易；

四是从评价上既要肯定在岗位上积极尽责、多为他人着想的学生，更要把鼓励的目光多投向不在岗位却愿意帮助别人的学生；

五是对没有岗位能管理好自己，对自己负责的学生多一份尊重和肯定。

让组织成为好的群体社区，关键是让更多的成员有选择自我实现的方式。

资料链接

（选自《新华文摘》，2014 年第 21 期）

表现样例

### 为团队失误补台

　　早上，刚进办公室，一同学进来说：老师，昨天值日的同学没有打扫干净，地面还有纸团，白板也没擦。我跟进教室一看，果真是。S 同学还得意地说：我们没有破坏现场，保留了犯罪证据。我没说什么，和两个学生一起清理了地面。午自习时，我进班和同学聊起篮球。我说："你们男生当中也有不少喜欢打球吧，谈老师年轻时也打球。考考你们一个常识性问题：在你的队友判断失误出现防守空挡时，你会怎么办？让对方长驱直入，投篮得分？还是立刻补位防守？"男生们异口同声说："傻啊，当然是去补位防守啦。"见孩子们中计，我便说：值日的同学不仔细，打扫不到位，发现的同学是维持原样还是补位清理呢？同学们恍然大悟，原来他们的班主任在这里等着他们呢。我接着又说："值日的同学打扫不到位，是他们的责任心缺乏，但其他同学是不是就坐视他人的错误而无任何作为呢？各位请记住 3 班是我家，卫生靠大家呀！"一次看似无意的聊天，让同学们明白他们不仅要学会为自己的行为负责，还要学会为团队负责。之后，虽然偶尔还会有同学来投诉某些人值日没有到位，但总会加上一句：老师，我们现在已经打扫干净了。

（上海市兰生复旦中学，谈斐）

## 三、规则共建——组织管理基础建设

教师面对的学生组织，或是以学科学习需求组成的课堂学习体，或是以管理体制为特征的行政班集体，这些团体都是学习过程的组织形式。作为任课教师或班主任，走进课堂或班级时，就是学校管理的代表，一个具体的管理者。管理者代表学校对学生提出各种管理要求，譬如现在很多中小学在不同学段的起始年级一定要开展"入学教育"，教师往往以"传声筒"的角色对学生进入学校这一组织进行组织规则的宣讲。这样的教育活动中，教师作为管理者的个人风格不容易彰显，更多的是传递学校共同的制度规章。即使这样的宣讲辅以讨论，其目的一般不是为了建设或打破某些规章制度，仅仅是为了深化认识。我们在这里要观察和讨论的是，在遵守学校规章制度的背景下，作为一个学科教师或班主任，在具体教育情景下的组织中，如何与组织成员通过规则的制定达成组织运作的基本共识，保障组织的有效发展。

### （一）学科教师组织管理意识

有必要指出一个误区：有些学科教师会认为管理学生只是班主任的事情，上课时课堂纪律不好，简单归结为班风不好，与自己学科教学过程中的管理无关，更有甚者，只会到班主任或学校管理层"告状"。尽管理念上提倡学校教职员工"人人都是德育工作者"，换言之，管理也是人人的职分，但在实际工作中，特别是涉及学生管理的事情，学科教师中还是有人觉得不是自己的分内事。笔者在做学校管理工作时，曾经处理过一个非常典型的教学管理案例。音乐教师带学校合唱队训练，碰到的问题就是"管不住学生"，规定好的排练时间学生不来，来了以后不认真排练，三三两两说话聊天，教师喊破了嗓子也无济于事；合唱队排练效果差，又倒过来使得更多学生不愿意参加训练。无奈之下，音乐教师提出要学校派出专门管理学生的教师帮助点名、管纪律，说自己的任务就是教合唱，不是管学生。这个案例最后的处理方式是，一方面请有关人员了解学生情况，提要求，做思想工作；一方面指导音乐教师如何管理团队。其结果短时间稳定了合唱队的正常训练，但是，教师管理意识很难在短时间内提升，特别是已经有较长时间工作经历的教师。试想一下，如果每个学科的教师都提出类似要求，学校管理成本成倍上升不说，恐怕课堂教学的情形会变成一道景观，一个老师在讲台上教课，下面还有专门巡视的人员，课堂变成了管教所。

　　记得几年前拜访上海市一所著名中学的校长，请教治校之道。他的经验之多毋庸置疑，他说的话却不多。其中提到学校绩效工资中的思考，校长很骄傲很自信地说，恐怕全上海没有一个中小学校在教师绩效工资上像他一样，所有学科教师课时系数相同，没有主课副课之分，没有大学科小学科之分，没有考试学科非考试学科之分。体育老师上一节课与语文、数学、英语等学科教师上一节的课时费完全一样。说到这里，他停顿了一下，似乎猜出听者心里的感受，说，你们一定觉得体育老师在我们学校非常幸福，其实，他们承担的责任与其他学科一样，很重要，对他们的要求也很高。其他学校学生做广播操时，班主任基本上要跟着，来回巡视，不仅管学生态度，还要管学生做操质量。在我们学校没有一个班主任跟学生到操场管做操的事，这是体育教师的工作，他们必须把广播操的质量全面管起来。最后，他诚恳地说，到我们学校看管理，首先就可以先看广播操，不是看学生做得如何好，而是看一个学校的管理理念与状态，广播操是一个窗口。

　　也许，有人会认为，上述两个例子不能代表中小学学科教学最常态的任务，言下之意，那些考试学科的教学不见得非要任课教师成为一个管理者，只要课上得好，一定吸引学生，不需要特别管理。此话有一半说得很对。教师作为管理者，另一个身份的确很重要，即学科教师，能够把学科内容教得好，作为管理者的形象一定也是加分的。同时我们要辨析两层意思，一是学科教学好，一定是内容与形式的统一，教学内容通过好的教学方式表达出来，才会有好的教学效果，好的教学方式本身就是一种有效管理；二是好的学科教学倘辅以适宜的管理方式，教学效果会更好。

如果把学科学习的习惯、方法作为学习制度提出并加以实施，可能会使学生较快地进入学习状态。比如说，课堂教学中做笔记、参与讨论、与他人合作完成学习任务，课后完成作业和订正作业错误、随时请教问题、必要的预习和复习等等，对于一些学科实验课、艺术和体育等有特殊要求的学习，也需要教师用系统的规章制度培养和约束学生。我们常常会看到有些教师上课带班很快步入轨道，若做案例分析，就会看到这些教师都非常重视学习习惯、学习方法的持续培养。

### （二）规则制定中的教师角色

班主任管理班级似乎天经地义，我们不需要为班主任是否成为管理者花费笔墨，也无须强化班主任管理中的规则意识，似乎班主任与规则的联系天经地义。如果在任课教师也是重要的教育管理者的问题上达成一致意见，那么，接下来要观察和讨论的问题是，作为学习组织的管理者，是仅仅成为学校管理规则的传声筒，还是努力成为一个具体组织的规则制定者；是组织规则的单边制定者，还是与学生共同制定规则的领导者。

第一个问题的核心在于，一个具体的教育组织（就教师而言）或学习组织（就学生而言）是否需要自己的组织文化。学校文化肯定是具体组织文化的一部分。从文化的定义来看，文化是显性的规章制度，更是隐性的态度、情感、价值观。不同年级、不同班级、不同学习群体在不同的学习任务面前，一定有不同的态度、情感、价值观，保障学生学习的学校组织规章制度需要细化、变化和深化。因此，教师有必要在班级和课堂文化建设上花大力气。

"班规"往往是班主任作为管理者与学生的"约法三章"。好的班规不是管头管脚的禁令，而是凝聚人心的价值观。这样的约法三章无须多，只要精，过多的规章制度可能会变得形同虚设，这也是班级管理制度的成本控制。有一位班主任给自己班级提出三个字："敬、静、净"，让学生讨论，是否合适，有何修改。学生讨论的结果是再加上一个字"竞"。这四个字伴着这个班级学生成长，多年以后，这个班级的学生还时常提起这四个字，不少人说这就是自己人生的座右铭。

我们可以看到，关注到这种文化建设的课程与教学改革不仅已经启动，而且还有实质性的推动。"温馨教室"等班级文化的建设、"后茶馆式教学"等教学方式的探索等等，都从学科教学内部、德育环境建设等维度指向学校具体组织的文化建设，改善学校教育氛围，形成良好的师生关系，学习组织成为学生精神家园，组织的归属感明显加强，促进学生健康成长。

第二个问题是一个认识问题，也是一个操作问题。下面将通过"制定规则的民主程序"具体讨论。

### （三）制定规则的民主程序

从操作层面上说，具体组织的规则如何制定可能更加重要。从理性层面上说，一般教师都不会同意自己是组织规则的单边制定者，都希望与学生共同讨论，制定学生愿意并且能够做到的组织规则。从实际操作上讲，一涉及具体问题，理性往往就会消失，一些显然单边不平等规则就会泛滥。前文曾经提到的学生手机是否可以带进学校、带进课堂就是一个很能说明问题的例子。低年级学生不适宜带手机、带了手机进学校由老师保管、带了手机进教室不能开机、实在不能关机一定要在静音状态等等，为了手机问题让教育管理者绞尽脑汁，能够想到的规定都在与学生的"斗争"中步步退让、"负隅顽抗"，甚至使得有些管理者在各项规定不明确的情况下发誓要砸毁带进学校的手机，以至于引起舆论的轩然大波。问题可能不在于具体规定是什么，而是这些规定是怎么推出的。如果我们把每一个具体组织看成一个可以自治的社区，把管理的责任分解给每一个成员，以及由不同成员组成的团队小组，让他们自己制定一些有助于学习进步的规定，比如手机管理、班级清洁工作、教室环境布置、各项活动组织、部分学习过程评价等等更多涉及组织每一个成员的内容，我们相信，任何一个内容可能都不会让所有组织成员满意，但是，在赋予每一个成员有发表意见的机会与权利，最后形成倾向性意见以后，每一个成员获得的不仅是要遵守规则的要求，还有现代社会参与民主、尊重民主的过程与体验，这也是学校教育非常重要的内容。我们还相信，这个过程是一个不断改善的过程，具体组织的规则会随着组织成员对组织归属感的增强以及自身责任、素养的提升不断被成员们讨论、修订和改进。

具体组织的管理者一定要能够"放权"，不要担心"大权旁落"，要知道，规则讨论的方向要管理者指明，"有利于学习进步"是准绳；规则制定的原则由管理者提出建议，一是尽量说明能做什么，而不是不能做什么，管理不能靠禁令维持；二是尽量让规则减少，过多的规则可能会形同虚设，让规则好记易行。管理者还要持续关注规则的执行和绩效的实现，由此作为评价规则和完善规则的依据。

 表现样例

### "民主自治"的班级小主人行动（节选）

以往班级管理和学生思想上存在着一些问题：一是班干部相对固定，使一些学生养成"干部作风"，不能平等地对待同学，而多数学生希望能为班级做点事，却缺少机会；二是学生在社会环境及部分家长的影响下，往往把少先队干部的标志只看成荣誉的象征，因此在小干部的意识中，"荣誉"多于"责任"；三是只把小干部看成"老师的助手"，忽视干部是"群众的代表"，大家都想当干部，缺乏"每个人都是班级小主人"意识。针对这些现象和问题，我们做了一个专项课题研究——"班级小主人行动"，参与课题的老师开展了多项子课题研究，比如"今天我当家"，每周通过民主选举与推荐相结合的方式选出一个学生"当家"，负责整个班级的班务工作，通过班级全体同学民主讨论，制定出九条《当家职责》：

1. 带领学生早读。

2. 分发簿本，做好记录。

3. 广播操正队，领操。

4. 发放点心、酸奶。

5. 督促值日生做好教师卫生。

6. 结合自己特长开展好每周一次的二十分钟队会。

7. 处理一些简单的突发事件。

8. 记好每天的《当家日记》。

9. 推荐出下一周的"当家者"。

另外，有一位班主任老师也在她的教育札记"做个敢于担当的学生"里把"班级文明公约"的形成过程叙述得更加详细：

我们班在二年级第二学期的时候就制定了一些班规。我先是请小朋友找一找目前班级里最大的问题，然后讨论以后该怎样做，我再理理顺，最后形成了班规。到了三年级，我又启发学生根据班规，想一想从进校到回家，我们应该怎样做才能成为文明的小学生，获得"行规金牌班"。于是，在班规基础上，我们讨论形成了"我的中队我做主"文明公约……

（《治一校若烹小鲜》，卞松泉）

 表现样例

### 学生自主学习活动的管理

【案例描述】

"小故事·大智慧"是沪教版《语文》六年级上第八单元的单元主题。整个单元选择了古今中外五篇典型的寓言故事作为单元课文，寥寥五课相比于浩瀚的寓言星空不过是沧海一粟，就整个初中语文学习生涯而言，只有这唯一的单元涉及寓言类文学体裁的学习。在五课之外，以怎样的形式拓展学生对这类文学作品的形式和内涵的了解、积累、探究，需要突破有限的课堂教学时间，以学生自主活动的方式进行过程性的主题学习，实现这类文学体裁作品的深度体验。学生深度体验的最佳途径在于"做中学"，语文学科中的"做"非实验操作，是"读"与"写"的高度结合，阅读体验积累和写作体验

积累的结合最终帮助学生走向有效有用的学习经历。

基于这样的学习目标，我在执教班内组织开展了为期三周的"走进寓言王国"主题学习活动，学生是活动主体，预期的活动实现目标是：1. 在六年级第八单元学习的基础上走进图书馆，利用图书馆资源探寻古今中外寓言故事，搜集相关资料，激发兴趣。2. 在图书馆阅读大量寓言故事的基础上分组探究寓言中的人物形象、中外寓言比较和创作寓言，通过小组活动交流学习发现、探究结果，从而加深对寓言这类文学作品的了解。

主题学习活动和课堂教学不同之处在于学习时间跨度大、学习行为较松散，对教师的学习过程管理带来比较大的考验。因此，项目学习任务的设计、过程管理的有效性、贯穿整个活动的评价体系，这三个要素是"走进寓言王国"主题学习活动实现预期目标的重要保障，这三个要素也是学生自主学习活动管理的重要组成部分。

【"项目学习任务"片段】

六年级第一学期第八单元的学习开始了，像往常一样，我开始和学生们一起设计、布置主题学习的任务。首先，我出示了本次活动主题"走进寓言王国"，看着同学们兴奋激动的神情，我知道同学们对本次活动充满期待。"大家先来说说围绕这个主题，我们可以做些什么？"我开了个头，同学们开始七嘴八舌地提出了建议。小 A 说："推荐阅读本单元课文注释出处中的寓言名著。"小 B 说："我发现有些动物经常出现在寓言中，比如狐狸、狼、兔子等，在不同的寓言中，有些是正面形象，有些是反面形象，我们可以找出这些作品中的形象比较一下。""我们也可以自己来创作下寓言故事，或者老师开个头，让我们接下去写，看谁写得好。"小 C 抢着说……

一场讨论之后，我梳理了下同学们的任务建议，向大家宣布："根据同学们的建议和老师对这个主题的思考，拟定五项学习任务作为本主题的组成部分。任务一：从不同角度探究本单元课文的前四则中外寓言《受宠的象》（克雷洛夫）、《蚊子和狮子》（伊索）、《一个采白芷花的城里人》（冯雪峰）、《白兔和月亮》（周国平）的多种含义。任务二：这四则寓言的核心寓意是否在其他寓言作品中也有类似的表述，找出这些故事内容。任务三：选出三个你认为在古今中外寓言中出现频率最高的动物，找到它们在不同寓言中的不同形象意义和相应的寓言故事，并制作完成搜集表格。任务四：创作寓言故事，注意内容与寓意的一致性。任务五：课外广泛阅读古今中外的寓言故事，并从不同方面比较中外寓言的异同。这五项任务在三周时间内以四人小组合作的方式共同完成。"同学们记录下五项学习任务，开始了为期三周的"走进寓言王国"的主题活动……

片段分析：

由"项目学习任务"片段中可以看出，一个主题学习活动的开展过程有赖于具体的学习任务的建立和驱动，学生只有明确"做什么"，才能开启"怎么做"的思考。但是学习任务的项目设计不是由教师牵着学生的鼻子走，学生不是"戴着镣铐地跳舞"，恰恰是作为"学习共同体"的师生共同完成项目内容的设计。学生在选择项目的同时，不仅关注了学习的内容，也是对学习过程的逻辑性思考。教师在尊重学生学习兴趣的同时，也以"引领者"的角色理性地安排组织管理学习任务的建构，促进了主题学习活动过程的有序、有效、有用。

【"过程化管理"片段】

"分组咯！"同学们兴高采烈地把前后左右的座位拉近了，脑袋凑在了一起。"我当组长""你来记录""我们来分配下任务吧"……熟悉的声音又一次在我耳边响起。每次全班同学明确了"项目学习任务"后，教室里就开始沸腾了。前后左右四人为一小组，学生们会自发地轮流当小组长，因为小组长虽然责任重大，但是可以有更多的表决权。

接下来就是热火朝天的讨论了！A组的小徐、小冉、小翁、小王四个同学一致推选小徐当组长，小徐建议先制作一张简易的组内成员任务分配单，明确小组四人各自的完成内容。不一会儿，他们就兴冲冲地拿着这张分配单给我看了：

1. 小徐和小翁（负责搜集以"狼""驴""狐狸"三种动物为主人公的中外寓言）。

2. 小冉和小王（负责寻找与课文前四篇寓意相似的其他中外寓言）。

3. 四人在校内共同完成对课内四篇寓言的多角度寓意的讨论。

4. 四人在校内共同完成创作新寓言。

5. 利用双休日在小徐家里进行小组活动，完成材料的整合，共同制作展示 PPT。

"老师，我们还会在 PPT 的最后展示'幕后花絮'，也就是我们在这三周活动的照片！"小翁大声地告诉了我他们小组的这个创意。"这个想法很不错！"我肯定了小翁，同时也向全班同学发出了建议："其他小组也可以采纳他们的做法，把本组整个主题活动的过程用相机或其他方式记录下来，这是大家的成长足迹！"一边说，我一边把 A 组的组内成员任务分配单通过实物投影仪展示给其他小组观看借鉴。"我还有个建议，同学们，在这份任务分配单的旁边可以设置完成该项任务的时间段，比如第一周搜集某些资料，第二周创作新寓言等。这样大家可以合理地安排整个主题活动的学习时间，更有条有理地进行主题学习。"在我的建议下，每个小组都精心地筹划起任务分配、时间安排等活动细节……

片段分析：

学生虽然是主题学习活动的参与者、实践者、体验者，但若是缺少有序的过程化管理，活动难免会流于形式、马虎对待，再加上以小组合作的方式共同完成主题学习，可能部分同学会成为旁观对象。因此，在长达三周的主题学习活动中，合理有序地分解学习任务是保证有效完成主题学习活动的前提条件。和上一个环节一样，有序地拆分学习任务不是由教师包办代替的，应将主动权交给学生，在小组成员共同的讨论中实现对学习任务的合理分配，这个分配的过程也是学生自主思考和管理的过程。他们清晰地明确自身和彼此的学习任务，自然也就自发地形成自我监督和相互管理的意识。

当然，六年级学生对过程自主管理的经验是缺乏的，所以，教师对其中一些重要环节的提醒显然很有必要，比如对时间的分配和管理。过程化管理很重要的一个要素就是基于时间点的任务驱动。时间意识有助于督促学生有步骤有条理地按时按量完成相关学习任务，提升内心的紧迫感。对小组合作完成主题学习任务而言，每一个时间点也是有序反馈和汇总阶段任务，形成个体和群体的相互作用力。至于用相机或其他方式记录下成长的足迹，既是增加过程性管理的辅助手段，也为过程性管理增加乐趣和资料的积累，丰富学习经历。

【"建构整体评价"片段】

三周后，各小组完成了"走进寓言王国"的主题学习任务，我安排了两节语文拓展课，让各小组依次上讲台向全班同学展示本组的活动成果和学习汇报。每个小组的精彩展示交流使得大家聚精会神地聆听并不时地做一些记录，我从每一组同学的眼神里看出大家都渴望得高分，获得全班的认可。

"接下来我们开始全班评分！"按照三周前的预告，同学们都明确了具体的评分标准：

| 组号 | 五项任务完成度基准分（50分） | 能否全面评价寓言作品中的动物形象（10分） | 原创寓言作品人气指数（10分） | 中外寓言作品比较的认可度（10分） | PPT制作特色指数（10分） | 组员合作配合度（10分） |
|------|------|------|------|------|------|------|
| A |  |  |  |  |  |  |
| B |  |  |  |  |  |  |
| C |  |  |  |  |  |  |
| …… |  |  |  |  |  |  |

这份评分表是三周前主题学习活动刚开始就下发到每个活动小组的，人手一份。在展示的过程中，同学们已经拿出评分表一边欣赏每个小组的汇报，一边开始在每一栏做着一些记录。

不一会儿，大家都完成了这份评分表，两位课代表快速统计着每一组的平均得分，大家都紧张地期待着统计的结果……

片段分析：

这是主题学习活动中最后的一个环节，也是贯穿始终的要素——整体评价的建构。从评价对象看，评价的既是学习小组整体，也包含了学习小组个体，因为最后的总得分属于组内的每一位成员。每一位成员的活动参与度和参与质量直接影响了本组分数的高低。从评价要素看，每一个评价指标均和

"走进寓言王国"的主题学习内容紧密联系，换而言之，每一个学习项目的完成度和完成质量可以充分地通过成果展示的形式比较准确地表现出来，学习过程与学习结果之间的关联度是密切的。从评价参与者看，作为教师的我不是评价唯一参与者，全班同学都承担了评价的角色，体现在评价结果上会相对公平公正。同学们共同参与活动的整个过程，评价也是整个过程中的学习部分。学会评价意味着学习经验的分享，意味着客观地吸收和借鉴有意义的学习成果，同时建立学习反思，在评价他者和自身的过程中，发现、观照自我的不足，积累先进的思维和学习成果。

建构整体评价着眼于学生的学习经历，从时间上渗透于主题学习活动的全部过程，提升活动的有效性，从空间上成为学生自主管理的有用的学习方式，是活动内容的重要组成部分。

【思考】

我很想给整个"走进寓言王国"的主题学习活动下一个定义：这是一场历时三周的语文学习旅行。旅行中的每一个点滴，可能是小组成员关于任务分配的一个想法、可能是创作寓言时一个灵光乍现的点子、可能是看到其他组不同以往的一种呈现等等，这些点滴构成了旅行的全部意义，也构成了每一个学生在这场学习旅行中的人生经验——与小组成员的沟通原来是这样的、完成一次主题活动需要有时间的规划、比较中外作品可以从哪些角度……对每一个学生来说，经验的内涵也许不同、体验收获也许有高低之分，但是我相信，每一个人都在以往的自主学习活动管理的起点上往前走了一步。走一步，再走一步，这不正是让学生学会自主学习管理的必由之路吗？

(上海兰生复旦中学，沈一敏)

## 四、习惯养成——组织管理的抓手形成

近年来，在研究教学方式时，越来越多的人关注学习动机、兴趣对学业成绩的正相关性，告诫教师从学生视角看学习动机，如何把"要我学"转变

为"我要学"。"要我学"最容易做，各种外在力量都在驱使学生学习，致使效率不高，或者即使效率暂时很高，但持续性不够，甚至会消磨学习兴趣，扭曲学生性格。"我要学"当然是理想境界，学习本来应是人的天性，从动物生存的能力看，自生命诞生，生存本能驱动不断学习。爱学习，应该是人类文明进化的成果，是人类逐渐理性的产物。观察任何一个自然状态下的孩子，学习都是自然发生的事情；良好的教育生态下，学生爱学习也是应有的状态。如果教育生态不改变，诸如考试评价、课程教学、师生关系等因素不变，单纯要教师把学生教得"我要学"，也是缘木求鱼的枉然之举。

## （一）给习惯养成以时间

教育改革的复杂性决定不可能靠一个政策、一道命令一夜之间改天换地。教育内部的许多改革也是静悄悄的革命。发生在教师管理的课堂、班级的变化尤其如此。一个好的教育管理者，要有习惯培养意识，好的学习习惯会帮助学生自觉完成学习任务，也会让学生自觉关注、参与组织中的各项活动。当"习惯"遇上"培养"，就要求管理者通过计划、时间、检查、反馈、修正等程序周而复始地帮助学生逐渐养成组织中需要的诸多习惯，并带着这些习惯走向更大的社会组织，甚至影响终身发展。谚语有云："行为决定习惯，习惯决定性格，性格决定命运。"让行为成为习惯，就是习惯培养的真谛。行为心理学研究表明一个习惯的培养需要 21 天以上的重复；90 天的重复会形成稳定的习惯。人们常说积习难改，就是看到习惯培养尚且需要时日，何况革除旧习，破旧立新，更需要坚持，甚至不怕反复。

## （二）让好习惯成为习惯

这里，需要讨论的是，什么样的习惯才是好习惯。比如说，认真、按时、独立完成回家作业，几乎是被奉为宝典的学习习惯。评判学生学习品质，这样的习惯自然是重要指标。目前的问题是，回家作业往往多且难，若按上述标准，许多学生即使态度认真，也要以牺牲必要睡眠为代价；而独立完成已经成为很难界定的状态，同学之间相互电话、短信商量，网上求助寻找答案，应付第二天的检查或上交作业，总有"与时俱进"的办法。何谓"按时"，何谓"独立"？不按时、不独立，是否就是不认真？

好的写作业习惯恐怕要更多考虑作业布置的数量与质量、学生学习层次的差异、实事求是的态度等等与之相关的问题。如果教师的作业设计科学合理，学生的作业负担就会减轻很多。如果教师能够给学生一个更科学的作业态度，比如在规定时间经过积极思考而未果的题目，也可以放到第二天请教老师，甚至就在作业本上直接反馈老师"我不会做"，那么，学生不至于为解决对他几乎无解的题目而花费太多不必要的时间，也不会以简单抄袭应付作业。作业既有检查学生学习的功能，也有反馈教师教学的功能。学生不会做的作业反馈给教师，是非常好的教学信息反馈，教师应该善待这样的学生。分层次、有张力的作业才会使学生养成良好的做作业的习惯。

教育如果真正成为一门科学，一定要避免纯粹经验主义的传承和运用，多一些实证，研究一些符合学生身心成长和教育规律的策略，在这些策略指导下形成的习惯才有可能让学生终身受用。

让习惯成为自然，用时间等待学生习惯的养成；让教育科学主导习惯培养，用实证和规律证明的好习惯陪伴学生终身，要做的事情还有很多，而这正是建设学习型组织的重要抓手。

 **资料链接**

### 柳营路小学：放学后为孩子留张书桌

编者按：上海将农民工子女的"同城教育"列为教育公平的重要一环。2008年到2010年，通过农民工子女义务教育三年行动计划，来自全国各地的47.5万名农民工子女，全部享受到免费义务教育，其中七成进入上海公办学校，三成进入正规的民办学校。

如今，在沪农民工子女教育进入内涵发展阶段。如何为这些孩子提供优质的教育？如何帮他们适应在上海的学习和生活？本报今起推出一组系列报道，展示虹口、宝山、杨浦等区县正在进行的探索。

全班 30 多个孩子，交上的作业本，有的油渍斑斑，有的残缺不全，有的沾着烂水果的浆汁……摞在一起，散发着味道。这是虹口区柳营路小学不少老师接手外来务工者子女班级时的第一印象。但当他们走进孩子的生活、亲眼见到孩子的成长环境后，原本窝在心里的批评、指责，变成了理解和疼惜。一份"放学后，为孩子留张书桌"的倡议，受到全校老师的呼应。

### 家访回来，老师们一起落泪

柳营路小学是虹口的一所公办小学。2004 年起，为满足柳营路灯具市场周边大量流动人口子女的教育需求，开始接收外来务工者子女，目前 9 个班共有近 300 名外地孩子。

面对农民工子女学生，20 多位上海老师一下难以适应。石老师班上有个女生，每天作业本上都油渍斑斑。提醒过几次都没改观，石老师只好去家访："一进门发现，家里简陋到连桌子都没有。每天放学后，孩子趴在父母炸油条的摊子上写作业。看到她在寒风中一笔一画认真的样子，我心酸了。怎能忍心再批评她作业不整洁？"

不少孩子全家租住在十几平方米的地方，家里没桌子，春夏秋每天搬张小凳子在门外写作业；冬天刮冷风，他们就着昏暗的灯光，趴在床上写。有些品学兼优的孩子，放学后要一边写作业，一边帮父母照料水果摊、杂货店……实地家访，给老师们上了无声的一课。杨老师说，以前常责怪家长不负责、学生习惯差，想不到他们在这么艰苦的条件下做作业，不由得心酸。教工大会上，老师们交流家访体会，常常台上台下一起落泪。

### 课余助学，当成"分内事"

家访后，孩子家中没地方做作业的场景，一直让不少老师揪心。学校调查发现，农民工子女的家庭中，租房甚至混租的占绝大多数；父母的文化以小学和初中为主；父母的职业多以低技术含量的体力劳动和商业活动为主。因此，不少家长辅导孩子课后作业也存在困难。

于是，一些老师放学后主动把孩子留在学校，手把手辅导作业。学校提出"放学后为孩子留一张书桌"的倡议，得到全体老师的热烈响应。目前，七八成的孩子在学校写完作业再回家。班主任每周 2 次、语数外老师每周一次，轮流为学生答疑。

课余帮助这些孩子，很多老师当成"分内事"。50多岁的王宝珠老师家住宝山，有些做钟点工的家长经常忙到晚上7点多才到校接孩子，王老师就一直陪到7点多。有些孩子家里没有录音机，不少英语老师在放学后，帮孩子把英语听力和对话作业完成，并现场指导。

## 81个好习惯，每天进步

顺利适应上海的学习和生活，提高成绩固然重要，但培养好的学习和生活习惯，才是"授人以渔"的根本办法。针对这些孩子的实际情况，柳营路小学不仅在课堂上调整课程难度和教学方法，而且开发了"81个好习惯"教育活动。

81个好习惯，分为学习、做人、礼貌、卫生、饮食、阅读、安全、运动、劳动9大方面，基本涵盖日常生活的各领域，还全部细化成"操作点"。如学习习惯，要求学生提前预习、专心听讲、爱提问题、及时改错、按时完成作业等。卫生习惯则要求孩子每晚洗脚、洗袜子，不随意席地而坐，随手整理好用具和衣物等。帮孩子点点滴滴地养成了好习惯。

习惯养成，是一个长期累积的过程。柳营路小学的老师们给予了充分的耐心。不少孩子早上不洗脸，班主任们就在学校准备了毛巾、香皂、洗手液等，见到没洗脸者就监督去洗；上完体育课，挨个提醒他们去洗手。各地孩子读英语带口音，开学前两月，不少英语老师每天针对不同的口音进行纠正，嗓子一直沙哑。

"81个好习惯，开始要孩子们每周养成一个，需要五个学期。但实际推行时发现，太快了做不扎实。于是又调整为每两周一个，五年完成。"记者日前在学校采访时发现，如今孩子的作业本整洁，校服干净，见师长主动问候，综合素质令不少来访者惊喜。

（《解放日报》，2010年12月22日，李爱铭）

## 五、对话沟通——组织管理活力探源

教学即对话，这个观点源于被誉为"拉丁美洲的杜威"的世界著名巴西教育家保罗·弗莱雷。他认为教育具有对话性，教学即对话，对话是一种创造活动。教育对话性是一种客观存在，保罗·弗莱雷揭示了教育现象背后的特性，更为重要的是，他希望教师能够把对话变成创造活动。从教学常态观察，对话无处不在，师生对话、生生对话，与文本教材对话，与教育题材和活动对话，或显或隐，或直接或间接，课堂就是一个多维度的对话场。把这个观点迁移到教育组织管理的维度上，同样，组织管理者也要善于和成员对话，善于引导组织成员之间的对话，善于推动组织与组织之间的对话，善于利用一切对话方式让对话成为组织发展的活力源泉，让对话不仅成为一种教学方式，更应该是学习型组织的学习方式。

### （一）对话中的倾听与回应

对话，首先要善于倾听。没有倾听的对话，是独白，甚至自说自话。学科教学如此，教育活动更是如此。长期以来教师以管教者的姿态出现在学生面前，对话的基本格局是教师讲，学生听。教师作为倾听者的形象不多见。有许多调查显示，当学生学习生活中碰到困难和问题时，首先求助的往往不是教师，而是同学或朋友。其中一个重要原因，同学或朋友不一定能解决困难和问题，但一定是一个很好的倾听者，许多困难和问题还是在倾诉后自己设法解决。教师要成为好的倾听者，一是要让学生觉得教师是在认真用心倾听；二是不要立即对学生的发言或倾诉做简单的是非对错的评价；三是多从学生角度思考问题，提出建设性意见。

教师作为倾听者的形象对学生是很好的示范。学生学习过程中的倾听就是很好的学习习惯。佐藤学提出"创设以倾听为中心的教室"，就是因为"互相倾听是互相学习的基础"，"倾听这一行为，是让学习成为学习的最重要的

行为。善于学习的学生通常都是擅长倾听的儿童。"（《静悄悄的革命》，佐藤学）

对话，是聆听后的回应。回应使对话真实有效发生。师生间的观点可能是认同，可能要反对，可能有观点争辩讨论，可能会拓展迁移。回应千姿百态，千差万别。作为管理者，一定是出于对组织成员的尊重积极回应学生。有些教师在课堂上对学生的发言，要么不做回应，要么随便回应。目前的问题是，回应中的批评一般不多，鼓励倒显得泛滥；回应时的针对性不强，犹如目前一些辩论赛、论坛的弊端：自说自话。对话中的回应要具体、清晰、诚恳。学生发言好在何处，要具体指出；还有什么地方可以再作深入思考，也要清晰点到；有些问题老师一时无法回答，也要诚恳地告诉学生。

有些课堂教师一讲到底，也许学生思维被老师抓住，跟着教师走，产生许多疑问，渴望对话；也许教师讲的内容根本没有进入学生心里，教师口若悬河，学生信马由缰，没有任何交集点，学生自然也没有对话需求；有些教师课堂有问有答，但问题没有思维含量，仅仅热闹而已；有些教师课堂问题不多，但总能抓住学生知识的盲区、思维的死角，学生的求知欲和探究欲有效激发。不同状况的区别就在于一点，对学生学习状况的回应有没有成为教师备课预设和上课生成的重点。

教学过程管理要有回应意识，不仅仅是教学活动中言语的回应，学生学习的一切状态教师都要做有心人，包括作业批阅、考试反馈，延续到课堂之外的许多内容都需要教师做认真回应，这样的对话空间才会无限延展，学生才会在学习组织中充满被尊重的骄傲。一位多年从事语文教学的教师，一直有一个习惯，每年与学生一起编纂一本学生作文集，在平时大量的作文批阅基础上，再用学生作文集为学生的辛勤学习画上一个圆满的句号。每次，这位教师都会给作文集写一篇序言。笔者曾看到一位语文老师为已经毕业的学生写作文集的跋，师生共同劳动成果真是一份珍贵的学习成果，毕业的学生念念不忘高中三年的随笔，使之结集；还在学校的老师接受离校学生请求，欣然题跋。这样的学习互动之所以珍贵，关键就在于师生都把学习的回应看成大事。

## （二）"信息时代原住民"与对话多元化

在一个快的时代，需要慢的生活态度，教育也正是慢的工程和慢的艺术。当然，这样的态度并不意味着对数字化对话平台的排斥和怠慢。今天，在数字化背景下的教育管理组织，肯定都关注到对话方式的日新月异，推陈出新。从电子邮件到飞信，从博客到微博，从短信到微信，从一对一的对话到三五成群的群聊，从文字与语音，从符号到图画，各种信息载体承载我们所有人生状况和情绪，以不同方式发布传播。有关注中小学教育的专家指出，21 世纪出生的中小学生，是伴着信息高速公路成长的一代，习惯于通过网络寻找知识、学习技能、解决现实问题，成为"信息时代的原住民"。

对许多数字化时代之前接受学校教育的成年人来说，跟上数字化时代，需要改变观念，艰难地学习信息技术，键盘、鼠标代替笔，界面、屏幕代替纸。网上资源无处不在，软件平台推陈出新，成年人的学习发生在与旧有学习工具、手段和方式的比较、区别与告别中；而现在的中小学生，数字化带来的所有获取信息的媒介及其操控硬件设施的能力几乎建立在认知世界的元点上，一切都是那么顺理成章地发生，那么自然而然地学习，没有比较和辨识，也就没有那么多的困难和纠结。

如同历史上任何一次技术革命带来的社会生活深刻变化一样，数字化时代变化的深刻性已经呈现在我们眼前。中国传播学的奠基人张国良教授，详细描述了信息技术带来的变化：（1）信源多元化。除传统大众媒体之外，微博、微信等新媒体的出现，使得任何组织、个人都能变成信息传播者。（2）技术融合化。报刊书籍推出"电子版"、网络电视可以点播回看，对于身处"信息高速公路"的受众来说，媒体"界线"变得越来越模糊。（3）内容个人化。媒介内容从"大众化"的统一供给转向满足"小众化"乃至"个人化"的需求，传统的"一对多"传播方式将转换成"一对一"的信息传递方式。（4）传受交互化。互联网传播者与受众交互化，固定的信源、传者和信宿、受者被打破，信息把关变得日益困难。（5）关系平等化。这是"交互化"带来的必然结果，信息量越大，普及度越高，则社会成员的关系就越平等。

信息多元化使得教师更加不是知识的权威或把持者；技术融合化给师生学习资源带来更多的媒介形式；内容个人化可以理解为学生自我的表达更加彰显个性也容易自我极度膨胀；传受交互化带来的是互为学习者的多维度学习关系；关系平等化则是上述所有变化带来的必然结果，师生关系不仅平等，而且时时互为师生，"不耻下问"之"下"恐怕很难定义了。

教师作为面向学生的管理者，面对越来越多的"信息时代的原住民"，善用这些信息载体和方式，与学生、家长等有更多方式的对话，自然是与时俱进的要求。据悉，现在有越来越多的老师，特别是班主任建立或被拉进学生、家长的微信群、QQ群，这样的对话平台首先是一个便捷沟通的渠道，信息技术的进步使沟通成本几乎降至为零。教师不仅在上面发通知，有的还在上面发布家庭作业，以期家长督促学生学习。有些群欢迎教师参加，有些群提防教师加入。因为信息的自由可能会因为教师的参加受阻。教师能否在如此泛滥的信息潮面前保持一份理性，是对教师管理能力的考验。

教育管理需要信息化的对话平台，但要有节制。对话沟通的方式再多，都是手段和形式，都应该是丰富自己、了解对方的载体和平台。现状常常是不担心不为人知，常常担心不知己。所有的信息都是匆匆掠过，所有的表达都在碎片化。太多的信息流转造成目不暇接的繁忙，太自由的信息发布导致真伪难辨的困惑，阅读从速食时代走向了直接灌营养液的时代，没有滋味的咀摸难免导致没有品位的促销。教育管理多一份从容，对话就可以更有深度、效度，才可以在花样百出的时代收获一份厚重和淡定。

教师要关注学校网站的情况。在太多千篇一律的学校网站首页上，很少有学校把每个年级、班级、宿舍作为网站中主要板块予以呈现。可能从学生需求看，他们表达生活的网上平台很多，不少学生都在校外著名网站上建立自己的班级群体论坛，对他们而言那里显然更自由。从学校发展来说，当学校越来越把"以学生为本"作为重要办学理念时，学校网站架构让所有具体的学习组织缺席，还是让人非常遗憾。春秋战国时期"子产不毁乡校"的治民故事，传达的不仅仅是一位管理者的做法，而是做法背后智慧深刻的治理思想。民意要有释放的渠道，宜疏不宜堵。网络的言论同样如此。

教师也要关注更"自由"的校外网络。学生如何对自己言论负责已经成为学校管理、教师管理的一个继续研究的问题。客观上，网络的自由导致了不负责任的随意，由此引发的心理伤害、人格诋毁、名誉损毁已经成为网络安全的重大问题。现实生活中有些紧张的师生关系也会在网络上以夸张、放大的方式表现。这也给教师管理带来了困扰和挑战。我们认为，应对这种情况的根本办法还是在学校教育的现实中根据科学的教育观、学生观不断改善师生关系。至于一些学生出于偏狭、幼稚而发表在网上的过激言论，若在一定范围产生不良影响，即使不涉及教师本人，作为管理者也需要加以关注、引导和约束。

 **表现样例**

### "豆太"的头疼（节选，题目为编者加）

关于"异向交往"（学生学习过程中思维各异的对话——编者注）的话语，我的头脑中有一段难以忘怀的情景。那是数年前，在广岛县的小学三年级教室里观摩语文课教学的事。教材内容是"冬青树"——深夜里，突然响起了熊叫一般的声音，"大叔"叫肚子疼，"豆太"（人名）顿时被惊醒了。尽管他是个夜晚连撒尿都不敢去的胆小的人，却一下子冲出小屋去给大叔请医生了。在教科书上画了一幅豆太闭着眼睛跑下山的插图，教师就此提问以展开教学："豆太是怀着什么样的心情在跑啊？"我当时在听课，正在想"一位有经验的教师怎么会问这么没水平的问题"时，坐在教室边上的男孩——手不停地在淘气，此前的课都没来上过——大声地发言了："豆太他在叫头疼啊！"这个突如其来没头没脑的回答引起了周围学生的反驳："叫疼的不是豆太，是大叔！""而且大叔也不是叫头疼，是叫肚子疼！"可这男孩却坚持不让步："豆太就是在叫头疼！"

教师也被这个"异常"的回答弄得不知所措，于是问："你这想法从哪儿来的呢？""从哪儿来的？"这一问法真是好极了。组织"交响乐团"的教师正是通过把学生与教科书连接起来并把学生与学生连接起来而展开教学的。"连结性的询问"就有可能在教室里生成出什么来。针对教师的提问,那个男孩回答说:"因为书上写着'豆太整个身体蹦起来跑出去了'。"那一瞬间全教室安静了一下,接着就爆发出"真不简单啊"的叫好声和一片欢笑声。其他学生把那个男孩描绘的情景再"真实"地扩展——夜漆黑漆黑的,豆太和大叔又很穷,住的屋子很小很小。一听到大叔叫肚子疼,豆太一下子从床上跳起来,要不快点去叫医生的话就不行了,所以,他肯定是迷迷糊糊地朝门边猛跑。豆太是"整个身体蹦起来跑出去"的,所以头就碰到门上了。这就是那个男孩描绘的结果。

一阵阵的欢笑声之后,教师让那个男孩再次注意书上"豆太整个身体蹦起来跑出去了"这句话的意思,相互交谈书上描绘的情景,使教学极有魅力地进行下去。

耐心地倾听"异向交往"的话语就能使教学中的交往丰富而深刻地展开,这一教学实例成了一个可见的典型。

(《静悄悄的革命》,佐藤学)

 **表现样例**

### 用满堂问的方法讲《阿Q正传》(节选)

篇幅长的课文很难讲,尤其是长而又深的文章,鲁迅的《阿Q正传》就是这样。短短的几节课怎么才能把文章讲透,而不仅仅是流于"辛亥革命的软弱性"的泛泛而谈。针对这类文章,我特别设计了一种教法:通过设计一连串的问题来贯串全文。

在课上,我几乎没有多讲什么,就是不断地抛出一个又一个问题,引得学生去读、去想。好的问题是容易引人深入思考的线索。通过问题也可以很方便地了解学生的情况。大部分问题学生已经很好地回答,就说明他理解了,不必再啰唆,只要在他们尚不明了的地方稍加点拨即可。

以下就是我就教材中节选的《阿Q正传》所提的问题及参考答案。(参考

答案略——编者注）

第一部分

1. 辛亥革命的消息是怎样传到未庄的？作者为什么不正面写？

2. "那船便将大不安载给了未庄。"为什么用"载"字？有什么好处？

3. 这消息引起了什么议论？

4. 寄箱一事说明了什么？

5. 为什么农民认为革命党是"个个白盔白甲，穿着崇祯皇帝的素"？这说明什么？

6. 为什么全村的人心动摇？

7. 阿Q为什么认为革命是与他作对（"他有一种不知从哪里来的意见，以为革命党便是造反，造反便是与他为难，所以一向是'深恶而痛绝之'的"）

8. 阿Q想："革这伙妈妈的命，太可恶！太可恨！"太可恶、太可恨指谁可恶、谁可恨？

9. "便是我，也要投降革命党了。"阿Q为什么要用"投降"两个字？

10. 阿Q自认为"忽而革命党便是自己"说明什么？

11. 阿Q自认为入革命党之后，心情如何？何以见得？

12. "我要什么就是什么，我欢喜谁就是谁。"这反映了阿Q什么思想？

13. 赵太爷为何称阿Q为"老Q"？

14. 赵太爷为什么要问阿Q："现在……发财么？"

15. "赵白眼回家，便从腰间扯下褡裢来，交给他女人藏在箱底里。"反映了他什么心情？

16. "阿Q飘飘然地飞了一通。""飞一通"有什么含义？哪里可以看出？

17. 阿Q怎么会长生那些"革命"的狂想和幻觉的？

18. 在幻想中，可以看出阿Q革命的目的是什么？

19. 这些要求是否合理？

20. 在幻想中，阿Q参加"革命"后第一个要杀的是小D，还要杀王胡，这说明什么？

21. 赵秀才和假洋鬼子素不相识，怎么一下子就成了莫逆之交，变得很投机了？

22. 他们的革命行动是什么？

23. 阿 Q 此时对假洋鬼子和赵秀才是如何看的？

24. 为何他们都是把辫子盘起来，而不是放下？"咸与维新"是何意？

25. 后来人心为什么开始日渐安静？

26. 革命后有何变化？

27. 有什么变了吗？

28. 为什么说剪辫子的是不好的革命党？

29. 盘辫说明什么？为什么说盘辫是"万分英断"？

30. 阿 Q 为什么盘了辫，又迟疑了一下，才走出去？这是什么原因？

31. 阿 Q 自己盘辫，却不准别人盘。说明什么？

32. 赵秀才参加革命的目的是什么？

33. 阿 Q 去投假洋鬼子，说明什么？

34. 赵太爷的心情、态度前后有何变化？阿 Q 此刻感到冷落，说明了什么？

35. "我是性急的，所以我们见面，我总是说：洪哥！我们动手罢！他却总说道 No! ——这是洋话，你们不懂的。否则早已成功了。然而这正是他做事小心的地方。他再三再四地请我上湖北，我还没有肯。谁愿意在这小县城里做事情。"洋鬼子这段话说明了什么？

36. 假洋鬼子对阿 Q 的革命要求基本态度是什么？

37. 假洋鬼子"扬"起哭丧棒，有何含义？

38. 不准阿 Q 参加革命，说明了什么？

39. 假洋鬼子的革命队伍、对象、行动、目的是什么？这一切说明什么？

40. 阿 Q 一看假洋鬼子举起哭丧棒，为什么就逃六十步？

41. 阿 Q 要放下辫子，最终又没有放。这说明什么心情？

42. 阿 Q 又准备告发革命了。"好，你造反！造反是杀头的罪名呵，我总要告一状，看你抓进县里去杀头，——满门抄斩，——嚓！嚓！"这说明什么？

43. 最后一个问题，阿 Q 是一个具有怎样个性的人？

（《教学生活得像个"人"——我的大语文教学》，黄玉峰）

 表现样例

## 杨小高在行动

一、案例背景

杨浦高级中学团委的新媒体"杨小高"人人网主页开通两年以来，好友数达到1501人，主页访问量已破27200余次，相册67个，日志28篇；APP应用开通半年以来，总用户数突破千人，每日活跃用户数始终维持在百人以上。微信公众平台账号通过审核，在六十周年校庆期间重点针对返校校友进行落地式宣传推广，拓宽了微信入口端。

二、思路与做法

1. "放宽"入口端。新媒体时代是入口终端的战国时代。移动入口终端对PC入口终端的挑战，引发了网络业巨头的激烈角逐。这也给我们的工作提供了新的启示与思路。在入口终端的开口搭建中，先后开建以"杨小高"为账户名的人人网主页、APP应用和微信公众平台，占据PC网页浏览和移动设备终端两大入口终端，实现入口端的"宽进"，充分吸收访问人次和关注热度。

2. "做大"平台面。社交平台面的宽广程度取决于该平台的在线活跃程度及信息更新发布的频率与数量。针对各个不同新媒体工作阵地，分别成立了人人网主页运营团队、APP应用运营团队和微信公众平台运营团队，三大运营团队统一以"杨小高"为品牌，工作在不同战线，目标群体各有不同，分别针对在校学生、已毕业校友和社会人士，实现目标群体分类上的全覆盖。

3. "尊重"自媒体。充分尊重学生的首创精神，鼓励并支持学生自媒体的发展与推广。在社交生态圈的营造过程中，涌现出诸多学生自媒体账号，如

青年志愿者工作部的"杨小志"、小动物爱护协会的"杨小喵"、模拟联合国社的"杨小联",这些账号完全由学生自发申请、管理和运营,对自身活动进行网络宣传和互动,并时常进行互相@和留言交流,其乐融融,热闹非凡,是新媒体社交生态圈得以健康发展的重要前提之一。

三、成效与反思

1. 全网全天候舆论引导,开启德育工作新思路。通过"杨小高"人人网近两千名校内学生和离校校友的人际关系网,我们能够迅速针对我校学生或校友中发生的热点问题进行捕捉,并迅速做出反应。同时,"杨小高"网络窗口的开放,也让更多的学生乐于通过虚拟空间的方式与校方进行交流,并进而开始尝试真实世界里的方式与校方进行交流。

"杨小高"们在行动。网络主阵地上的"杨小高"在异彩纷呈的校园活动网络宣传的过程中积聚人气;主页君与评论同学们的积极互动中,亲切而又朋辈式的口吻博得了学生的认同和喜爱,而这种对"杨小高"的认同和喜爱也在团委和学生会的各种线下活动中得到了体现。"杨小高",已然从一个人人网 ID 名,成为我校团委学生会的总代言人。

2. 集文化产品制播于一体,引领校园文化新风尚。2013 年 7 月,我们迎来了 2013 级的新高一学生,新的一代人,似乎给我们带来了新的问题。团委宣传部的学生干部也敏锐地意识到了这个问题,于是提出一个想法:我们不能再守株待兔,而应主动出击。那么,该如何出击呢?

也正是这个暑假,学生会文艺部整合了电影工作室、守望文学社、星岩剧社等文艺类社团,成立了杨小高传媒联盟,这是一个学生社团间的联盟组织。

以多媒体数码制作创新实验室为基地,以文艺部学生干部牵头负责的这个传媒联盟在这个暑假里陪伴着新生们共同度过了五天时间,最终呈现为一部"新生入学教育回顾短片",在五天新生教育最后一天,通过电视转播播送。这支短片既是五天新生入学教育的一个小结,也是学长学姐送给学弟学妹们的一份欢迎礼物:杨高欢迎你。

"似乎,我爱上了这所学校。"许多新生在刚刚使用的人人网上发布了这样一条状态。他们因为很多原因爱上了杨高，与此同时，"杨小高"也见证着这一切。

杨小高只是一个 ID，能做的很有限，然而却成为网络杠杆的一个支点，撬动了诸多杨高人对母校的情怀和感恩，这种情怀和感恩通过网络进行传达和扩散。

3. 助力校园网络生态圈升级，传播高中生核心价值正能量。校庆前夕，考虑到不同年龄层次校友对于网络入口端的偏好不同，团委学生会在原有人人网端口的基础上，再行建立了微信端口，并且将暑假上线的、由学生自主开发设计的 APP 手机应用软件一起纳入进来，形成了人人网、微信、APP 三位一体，集资讯、社交、媒体功能于一体的杨小高综合平台。

新媒体时代的到来是大势所趋，中学共青团工作和德育工作应该顺势而为，成为时代的弄潮儿。伴随着杨小高综合平台的全新出炉，团委学生会层面的网络阵地构建完成，与此同时，诸多班级也在人人网上建立班级公共主页，如"杨高大 9 班""霸气 8 班""忠壹肆班"；许多团委学生会的下属部门以及学生社团积极开辟网络传播平台，并且主动向"带头大哥杨小高"积极看齐，如"杨小喵"（小动物爱护协会）、"杨小志"（青志部）、"杨小新"（公益部）、"杨小联"（模拟联合国社）、足球社、星岩剧社等社团也纷纷开户人人网。这些 ID 发布消息和通知后，互相关注和@，并且通过@杨小高的方式扩大影响，逐渐形成"杨小高"人人网生态圈。

人人网生态圈的浮出水面，并不是团委学生会有意为之，却对此因势利导，引导学生通过新媒体构建积极有益的人际交往圈。横跨三界的杨小高综合平台自校庆以来，立足人人网，联动微信和 APP，将用户端几乎所有的入口端全部覆盖，着力升级"杨小高"新媒体生态圈，使之覆盖更多杨高人，成为更多杨高人的虚拟共同体和精神共同体，使之成为传播高中生核心价值正能量的重要载体与互动平台。

（上海市杨浦高级中学，朱忠壹）

## 六、奖惩考量——组织管理杠杆撬动

教师管理意识中最敏感的话题当属对组织成员的奖惩。让我们先把专家意见放在前面作为依据之一。在德鲁克看来，"人们的行为处事都要以奖惩制度作为标准"，这是组织管理者的"终极控制"。"因为在一个以'人'为成员的组织内部，隐性的、定性的奖惩制度以及其价值观和禁令是至关重要的。"（《德鲁克日志》，彼得·德鲁克、约瑟夫·马恰列洛）换个角度理解，人性趋利避害的特点决定行为表现，组织的奖惩对组织成员行为选择就起到重要导向作用。

### （一）棍棒教育的传统

在中国传统文化中，"棍棒教育"颇为深入人心。棍棒底下出孝子、不打不成器、打是亲骂是爱、爱之深责之切等等态度都指向教育惩戒的合理性和重要性。私塾还课的戒尺高悬在蒙童眼前，乡村教育中父母望子成龙，把孩子托付给老师时不忘嘱咐：该打就打，该骂就骂。

对学生的体罚，源于传统的师道尊严，源于教师之爱犹如父母之爱。在传统体罚观念中，任何惩罚都是对学生的呵护。甲骨文中的"教"字大多写成"𢼽"，左半边即"孝"字，象征"子曲伏于父"，右半边手执木棒的样子。这个"教"字，不仅通行于家庭教育，而且通行于中国传统的学校教育之中，"一日为师，终身为父"，教师体罚学生从"教"字构成可见其渊源。

近来，复旦大学教授钱文忠的一篇演讲在微信朋友圈反复被转载，其实这是钱文忠在 2011 年的演讲。在当时和最近都引起广泛反响，赞同者众，反对者亦不少，毁誉参半。

在当代中国基础教育中，传统文化的惩戒教育几乎成了禁区，明显严重违反校规的情况尚有酌情考虑的纪律处分，通常情况下，学生的任何错误都不能进行任何形式的体罚，提倡通过耐心细致的思想工作逐渐转化学生，改变学生。应该说，这是一个美好的教育境界，教师们也希望能够如此。然而，面对成长中的不断犯错的学生，似乎单纯的思想教育工作稍显乏力。加之教师满负荷的工作量，思想工作难免不够细致，有时会导致不仅有体罚，而且有心罚。

多年以前，一位著名的儿童文学作家秦文君在写过题为《一个女孩的心灵史》散文之后，紧接着推出一部同名作品，它是"一个母亲对女儿成长经历的忠实记录，一个家长对现行教育体制的深刻反思，一个作家对儿童心灵世界的不懈探索"（《一个女孩的心灵史》，秦文君）。书中谈到亲眼看见的一次老师对女儿的处罚。作者深为忧虑地说，在教育者不经意的处罚中，一颗向往真善美的心灵也许就此蒙上了阴影，一个人的心路历程可能因此偏向歧途。

体罚多见于对年龄较小的低年级学生，他们是师生关系中真正的弱者，有的教师认为小孩子胆小心怯，体能又差，不敢也不能与教师对抗，教师手脚一动，就能把对方制服；心罚往往多见于某些教师对付年龄较大的高年级学生，这些教师知道，用动武的方法对付大孩子，往往会遭到抵抗，但惩罚还是要有的，某些"聪明"的教师就"善于"用语言在公开或不公开的场合挖苦、讽刺学生，用冷淡、回避的方式漠视学生的存在，这些方法给学生造成的心理伤害非常严重，使学生自尊心受损、自暴自弃、自轻自贱，甚至因愤激走上报复他人毁灭自己的歧路。心罚比体罚更加可怕。

学生之所以是受教育者，就是因为他们的心智还有很多有待完善的地方，思想道德还处在形成和发展过程中，他们中的一些人并不能正确理解教师教育学生的善良目的与意图，有时会误解和顶撞教师的合理要求；有的学生由于特殊的成长环境和经历，还会养成一些不好的习惯，自由散漫，违反纪律，目无师长，狂妄自大，甚至走向犯罪的边缘。对于这样的学生，要批评，要惩戒，如何惩戒批评，则要有管理智慧。

魏书生老师在一次报告中曾经谈到他对学生的"罚"，有三种方法：一是谁有迟到、早退之类的毛病，就要他给同学们唱一支歌；二是有再大一点的错误，就让他自觉去做一件好事；三是有思想意识方面的错误，就写一份心理活动的说明书，反映出事前、事中、事后心灵深处旧我与新我是怎样论战的。魏老师三种"罚"的方法是否一定奏效姑且不论，是否有更好的方法也暂且不去探讨，它的意义在于，让所有的教育工作者明白，教师对待学生的错误，要从善的方面去引导学生。学生犹如一块璞玉，欲成器，必先去其杂质，教师就应该是一位耐心、细心的雕塑大师，用爱和美的雕刻刀去雕琢学生。

### (二) 用胡萝卜替代棍棒的奖励

有人形象地把组织管理中的奖惩并存比作"胡萝卜加大棒"，运用奖励和惩罚两种手段以诱发人们所要求的行为。它来源于一则古老的故事"要使驴子前进"就在它前面放一个胡萝卜或者用一根棒子在后面赶它。

面向学生组织管理的那根诱人的"胡萝卜"更多来自西方教育学的鼓励和期待原则。著名的皮格马利翁效应就是用心理学实验证明人的情感和观念会下意识地不同程度受到别人的影响，从积极的角度看，人们会不自觉地接受自己喜欢、尊重、敬佩和崇拜的人的影响和暗示。

不同于企业组织管理，教育组织奖惩不可能与经济收入挂钩，更多的奖励以精神鼓励与期待的方式呈现。这样的鼓励和期待要改变中国文化过度谦逊和总体压抑的特质，学习西方文化中自信和张扬的风格，鼓励要充分，夸奖要就具体，期待要有耐心。尽量少用"比较好、还不错、基本正确"等有所保留的鼓励口气，把"非常好、真不简单、太对了"的充分肯定的语气直接表达出来；注意把学生"好、正确"的状态具体化，太多没有具体内容的表扬和肯定不仅会使学生有赞誉过度的审美疲劳，也不容易使组织中的成员明白伙伴的具体成绩和优点，不利于相互学习促进；学生的成长既有不断扬长的过程，也有不断甚至反复纠错的过程，管理者要付出更多的努力，关键要有足够的耐心，等待学生逐步的调适、修正。

有人说，一个好的管理者一定是一个社会生态的营造者。一个组织就是一个小社会，课堂如此，班级亦如此。奖励与惩戒，就是撬动组织前行的重要杠杆，教师作为管理者，是启动杠杆的第一人，随着杠杆的启动，加入撬动的力量逐渐增加，每一个组织成员都将成为这一杠杆作用的受益者和推动者。

资料链接

### 钱文忠教授演讲（节选）

现在，我们对孩子的教育大多是鼓励。那么，惩戒呢？教育可以没有惩戒手段吗？单凭鼓励就可以完成教育了？我也不相信。刚才郑州外国语学校校长说，家长无论在任何情况都不要看孩子的日记。我不敢苟同。为什么不让看？我从小的日记父母就看，也没把我看傻了。

听说前段时间教育部发了一个文件，内容是"赋予老师批评学生的权利"。老师批评学生的权利要赋予？何况什么时候剥夺过？没有剥夺要重新赋予吗？现在的孩子骂不得、说不得、批评不得，一点挫折就接受不了。小时候，我的老师惩戒过我，但我们的感情到今天都很好。现在对孩子一味表扬，那惩戒呢？

……

我们现在都说鼓励孩子的自信心，赞扬他，鼓励他有自信，这是对的，但是不能过度。在这种教育下的孩子将来到社会，他面临的反差足以把他摧毁。我们应该告诉孩子，这个社会是残酷的，要准备受到很多委屈。

如果校长惩戒确实犯了错的我的孩子，甚至揍他几下，我会感谢老师。我相信，大多数老师是有大爱的。我希望老师一手拿着胡萝卜，一手还得拿着大棒……

（百度文库，2015 年 8 月 31 日）

表现样例

### "利诱"学生背《离骚》（节选）

有一年接两个高一新班。学生们得知语文老师是我，都非常兴奋，以为这下为自己的语文高考打了"包票"。可他们没有想到，第一堂语文课我就给他们一个"下马威"。我在黑板上开出了一串必背的古典名作，如《长恨歌》《琵琶行》……我还补充说，一些文学大家都能背下许多名作，这是他们创作的重要基础……

……

趁小胜积大胜。我想到了《离骚》。《离骚》比《长恨歌》《琵琶行》等篇幅更长，语句也拗口。应该让学生"跳一跳"试试。能全部背出来当然最好，即使不能，至少也能熟悉其中若干名句，如："长太息以掩涕兮，哀民生之多艰""路漫漫其修远兮，吾将上下而求索"……这些名句能进入学生的视野，并最终融入他们的血液，不仅对他们的语文学习非常重要，对他们一生的成长也是"善莫大矣"。

"大炮"之下还需要有"胡萝卜"。这回我采取了"利诱"之策。我曾精心抄写过好多《离骚》手卷和条幅，很多人想要我都没有舍得割爱。这次我就以它为"胡萝卜"了。上课时我就把那装裱好的《离骚》带进教室，先让学生饱饱眼福，学生一片惊讶羡慕。我见时机已到，就说：前段时间我们顺利地完成了背名篇任务，接下来任务更艰巨——背《离骚》！

教室里突然安静得没一点声音。他们似乎不相信自己的耳朵。背《离骚》？有的人还问："《离骚》是什么？"

我笑着说：谁能最先背下《离骚》全文，而且一字不差，就能得到这条幅。说完还调侃一句："这可是黄老师的真迹呀，有收藏价值呢！"

学生们乐了，很多人跃跃欲试，因为他们被顺利背下《长恨歌》《琵琶行》鼓起了信心。

一个月后，就有人主动来我办公室要求背《离骚》给我听。可惜的是，都没能做到一字不差。因为这已不是上我语文课的"必要条件"，所以学生和我都没什么心理压力。背错了一笑了之，有人还连续数次来办公室背。

两个月了，还是没人能取走我的《离骚》条幅。但学生中间对《离骚》已非常熟悉，有时甚至脱口而出一句："帝高阳之苗裔兮……"也知道了电影《牧马人》主人公许灵均之名的出典是《离骚》的一句："名余曰正则兮，字余日灵均。"

这一届的学生语文成绩特别优秀，我上语文课也特别游刃有余。我想这与我"利诱"学生背《离骚》不无关系。

……

今天，那《离骚》条幅还静静地躺在我的书房里。我一直有这样的幻想：突然有一天，有个学生兴奋地敲我的家门，说：黄老师，我是来背《离骚》的，今天我一定要取走你的条幅！

（《教学生活得像个"人"——我的大语文教学观》，黄玉峰）

## 七、危机干预——组织管理的机制保障

危机干预作为一个概念，最早出现在心理学范畴和心理治疗领域。危机是指人类个体或群体无法利用现有资源和惯常应对机制加以处理的事件和遭遇。从心理学的角度来看危机干预是一种通过调动处于危机之中的个体自身潜能来重新建立或恢复危机爆发前的心理平衡状态的手段，危机干预已经日益成为临床心理服务的一个重要分支。

教育管理引入危机干预机制，既是教育现状必须直面的诉求，也是多年教育研究和实践中得出的行之有效的管理方法。2015 年 8 月中旬，教育部办公厅印发《中小学心理辅导室建设指南》（以下简称《指南》），要求心理辅导室应建立心理危机干预机制，出现危机事件时能够做到发现及时、处理得当，给予师生适当的心理干预，预防因心理危机引发的自伤、他伤等极端事件的发生。

这个《指南》要求的心理危机干预面向中小学师生，体现了对学校心理健康关心的完整性，教师心理健康也需要倍加重视。除了心理危机之外，还会有其他一些管理危机，如人为或自然灾害引发的学生校园人身安全危机等。

### （一）做心理危机干预辅助者

中国人民大学社会心理学研究所所长俞国良三年前曾组织课题组对 6 万多名中小学生的样本进行了调查。调查结果显示，有 10％的小学生、15％的初中生和 18％—20％的高中生存在心理行为问题，而这些问题主要和学习、自我认识、人际关系以及生活社会适应等有关。

从教师是管理者的角度看，普通教师多不具备专业干预学生心理危机的资质，但是，有心理行为问题的学生就在教师管理的学习组织内。正确的做法是，对可能存在心理行为问题的学生要多加关注，在征得学生本人或家长同意的情况下，及时与学校心理教师或校外心理辅导、治疗人士取得联系，让学生在专业人士的辅导、治疗下缓解和改善心理行为问题。教师是学生心理危机干预的辅助者。

### （二）做学生校园安全守护者

中小学生的年龄特点决定了学生好动但控制力不够，学生自我伤害和互相伤害的情况不能杜绝；难以预料的自然灾害或人为事故，如地震、火灾、踩踏、人质劫持等，对人员集中的未成年人来说也构成相对更大的威胁，学生在校园里人身安全的隐患时时存在。有些学校为了最大程度减少意外伤害，强行规定学生课间休息不能自由活动；体育课稍微剧烈一点的活动项目大面积取消。校园安静了，教学楼更安静了，但是没有了学校应有的活力和生气。

作为教育一线的管理者，教师对可能出现的问题有预判，多提醒学生注意相关安全，多一些认真有效的逃生演练；对万一出现的问题有预案，强化预案处理的流程意识，人员安排、联系方式、报告制度等等都要有清晰的流程，不仅教师自己清晰，还要让学生知晓熟悉。当然，这些内容可能更大程度上要学校有完整的教育设计和系统的活动体验，在认知和演练并行的教育中增强学生的安全意识，提升学生的自我保护能力。可能最关键的还是在突如其来的危机面前，当教师也和学生一样面临人身安全威胁时，教师如何面对。正反两方面的案例为数不少，为此引起的争议曾经很大，汶川地震时的

"范跑跑"事件从对一个教师的行为争论引发整个国家对教师职业道德的大讨论，最后以教育部重新颁布师德规范统一要求收场。中小学教师职业的特殊性在于工作对象均为未成年人，作为成年人的教师，学生学习活动的管理者，做学生校园安全守护神的角色理应当仁不让。

 **资料链接**

### 心理危机干预小贴士（编者加）

《中小学心理辅导室建设指南》还对心理辅导伦理提出了具体要求，规定心理健康教育教师在辅导过程中要保护学生隐私，禁止给学生贴上"心理疾病"标签："在辅导过程中严格遵循保密原则，保护学生隐私，但在学生可能出现自伤、他伤等极端行为时，应突破保密原则，及时告知班主任及其监护人，并记录在案；谨慎使用心理测评量表或其他测试手段，并在学生及其监护人知情自愿基础上进行，禁止强迫学生接受心理测试，禁止给学生贴上'心理疾病'标签，禁止使用任何可能损害学生身心健康的仪器设备。"

（《教育部规范中小学建心理辅导室 要求建立心理危机干预机制》，2015年8月12日，国际在线专稿）

 **表现样例**

### 突发学校公共卫生事件的危机干预

一、事件回放

周日晚7点，某民办小学二（4）班班主任王老师先后接到班级学生A家长和学生B家长来电，分别告知A、B同学经医院确诊患有手足口病。王老师第一时间向校长报告了此事。学校立即启动应急预案，班级将于第二天进入"隔离"状态。王老师连夜通过飞信群和微信群告知家长班级的实际情况，并告知"错时"上学放学的时间，希望家长理解配合相关工作。第二天王老师早早到校，与学校教导处、总务处、卫生室等配合，安排落实"隔离期"

班级的教室、教学、饮食饮水、厕所、消毒等相关事宜。随后，班级学生在护导老师引导下陆续进入"隔离教室"。当天学校在晨检时发现二（4）班一同学有疑似"手足口"病症状，王老师当场沟通送孩子来校的家长，说明情况，劝其带孩子去检查，后经医院确诊为手足口病。至此，二（4）班共有手足口病3例。面对突发情况，在"新"的环境中，班级同学既陌生，又心慌。王老师当即利用晨会课时间，及时安抚学生，讲述班级手足口病的发病情况，目前班级"隔离期"各项安排；课间，王老师引导学生合理课间休息及如厕；中午，王老师陪同学生在班级就餐。同时，王老师发现班级微信群中家长开始议论纷纷。于是，王老师立即在群中如实讲述了班级目前发病情况、学校各项防控措施、孩子们在校情况，希望家长理解和配合学校工作；同时又私信班级家委会，请他们做好带头工作。午会课时，王老师进行了一次午检，未发现有疑似病例出现；随后，请卫生老师上了一堂健康教育课，让学生更多了解防控知识；并让每位学生放学带回相关"告家长书"。在班级放学消毒后，王老师又与患病家长联系，了解动态及安排孩子之后的缺课补习事宜，并及时向校长汇报了一天的情况。在学校防控措施到位、学校上下的大力配合和家长的理解支持下，三（4）班无续发病例。

二、行动分析

该民办小学经历了一次突发学校公共卫生事件。在这过程中，学校建立了较为完善的危机干预系统，其中，班主任王老师立足于本职岗位，成功地进行了"危机干预"。

一方面，建立了完善的危机干预网络，即取得了学校、学生和家长的理解与支持，形成了校园危机干预网络，共同合作，让每个人都顺利地度过这次危机。王老师及时向校长汇报，校长马上启动危机干预方案，统筹安排各部门工作。在过程中，举合力，既有面向全体危机受害者的教育教学、学校日常生活和排解顾虑的合理安排，又有面向个体危机受害者的及时沟通和交流，各项工作有条不紊，危机成功化解。

另一方面，采取了正确的危机干预方法。一是明确问题，危机干预者王老师接到电话后，明确问题所在，即手足口病是具有传染性，且学生是易感人群，同班同学是较为直接的接触人群。二是保证受害者的安全。如何防控手足口病在班中的传播，首先必须要阻隔"传播源"，即必须班级得采取"隔离"措施。其中，既包括本班患病学生与其他学生的隔离，也包括本班学生与他班学生的隔离。同时，尤为重要的是要合理安排好隔离期间班级学生正常的教育教学，生理与心理健康的关注。三是强调与受害者的沟通和接纳。在危机状态，个体往往感到自己是无助的，王老师及时关注到在校学生、患病学生、家长的动态，给予其学校的关爱；同时发挥家委会的力量，使所有学生及家长获得更多的正能量。四是提出应对危机的方式。正面引导学生、家长，手足口病是可防可控的；合力做好班级的隔离、消毒、健康巡检、健康教育等防控措施；及时地对群体和个体进行心理疏导等，鼓励其积极的思维方式，从而树立克服危机的信心。五是制订计划。实际上王老师和学生合作制订了一个行动计划，大家必须要遵守隔离措施要求，严格错时上学放学，严格晨午检，严格饮食饮水如厕卫生，严格消毒，计划有针对性且合理可行，在规范要求下，积极鼓励学生回到正常的学习生活中。六是获得承诺。王老师的危机干预得到了学生及家长的积极回应，共同配合度过隔离期的每一天，同时王老师也及时了解学生家长动态，采取正面积极态度，形成良性"危机干预链"。

总之，此案例的成功在于，王老师的危机干预不是消极地协助个案将"症状"消除，而是更积极协助学生建立更健康的个人保护机制，重新建构一个能自我复原和健康的自我。

（上海市杨浦区教育局，吴芳）

## 八、家校互动——组织管理网络架构

学校与家庭、社会构成多维互通的教育格局，为学生营造良好的成长环境，是教育共识。其中，学校与家庭的互动，几乎成为学生教育的经典做法。最近，一位著名高校管理学院教授走进某区基础教育校园长培训讲堂，这位教授开场就说，这场报告对他而言，压力很大，不仅仅因为第一次到基础教育领域做报告，还因为对中小学老师充满敬畏，自己小时候就经常被老师训斥，没想到做了家长还要替孩子接受老师的训斥。说到这里，场下一片笑声。教授接着说，为此，带着极大敬意着西装打领带，而且要站着做报告。场下又是一片笑声。笑声，一部分表达理解教授开场善意的调侃，可能还有一层意思，是场下校园长尴尬的自嘲。许多校园长都听出了教授的话外之音，看来家校互动对许多家长来说不是一件轻松愉悦的事情。

的确如此，家长走进学校，传统意义上就是被告知孩子在学校的情况。家长会上的批评常常让部分家长抬不起头；孩子在学校犯了错误或有其他特殊情况，对家长来说，压力更大，教师连同家长一起训斥的情况不在少数。随着教育理念的改变，学校也在试图找到更有利于家校沟通的方式，更多的可以个别咨询的家长接待日代替了给家长做报告提要求的家长会；家长有了可以直接走进课堂听课的学校开放日；陆续成立的家长委员会也成了一个参与学校管理的新平台。教师走进学生家庭，传统意义的家访在很多学校至今还作为制度实施，新的讯息手段也使教师和家长的沟通有了更多载体，语音电话、视屏电话、短信、微信以及各种各样的网上聊天群，数字化技术支持下的家校沟通带来了联系的便捷，也促使人们重新审视家校沟通的目的究竟是什么。

## （一）家校合作中不越位不错位

家庭是孩子第一个学校，家长是孩子第一任教师，家庭以养育的方式给予孩子最基本的生存能力培养、最基础的习惯养成、最简单的礼仪训练。基础教育是学生走向社会最重要的公民教育阶段，学习知识，提升能力，培养态度情感价值观，对人的全面培养贯穿了基础教育整个阶段。既是全面培养，自然需要家庭教育的配合，特别是在学生态度情感价值观的培养上，需要家校有共同的目标。

目前的问题是，家校沟通的重点似乎并不在此。不少学校更多要求家长检查孩子的作业、辅导孩子的功课；更多家长也觉得学校要求是天经地义的事情，有时还要超越学校学习要求，带着孩子到处补课。家校沟通的兴奋点几乎全在学科知识学习上。有些地区行政部门大力推进小学"零起点、等第制"工作，意在加强基于课程标准的教学，减轻学生负担。施行过程中，最大的阻力来自家长。提前学习大战从学前开始，不让孩子输在起跑线上的观点还是被很多家长接受。

自然，形成如此局面的原因非常复杂，社会生存竞争加剧、人才选拔标准单一、应试文化传统等等都是重要的客观原因，但是，学校作为专门的教育机构，教师作为教育管理者，对此应做出理性的反思和引导。从培养目标上，家庭、学校都要把学生成为身心健康、全面发展的合格公民作为基本目标；从培养途径和功能上，家庭、学校应该各有侧重，家庭教育更注重孩子生活能力培养，养成有益身心健康的生活习惯和情趣；学校教育更注重学生社会性情绪和学习能力培养，丰富知识、提升学习能力、形成社会核心价值观并行不悖。为了学生成人成才，各司其职，不越位，不错位，家校沟通才会相得益彰，形成良好的育人环境。

### （二）家长是"帮手"不是"打手"

家长是学校教育的资源之一，自然也是教师管理学生的资源。越来越多的学校开始把家长作为学校课程开发和实施的重要资源。家长在学校课程建设中的作用不仅表现在有学科专业背景的家长可以直接为学生开讲座带兴趣小组，更重要的是每一个家长都可以在学校课程开发和实施中找到自己的位置。比如，有的学校让"故事妈妈"走进课堂，有的学校把科学课的实验角让学生带回家，小小家庭实验角成了亲自沟通的好平台，特别是弥补了家庭教育中容易出现的父亲角色的缺位。寒暑假和双休日的学生小组合作的校外学习、探究，家长志愿者成了低学段学生校外活动的召集人，家长自动在网上结盟，轮流带孩子们外出学习、活动。当然，这样的家长资源更多集中在城市中小学教育中，特别是经济社会相对更加发达的区域。乡村教育中，家长在参与学校课程开发和实施中即使心有余，恐怕也力不足。家长可以在力所能及的范围内自愿为学校做一些贡献，但任何一个学校和教师都不应该因此对家长提出超出家长职责范围的苛求。相反，学校要利用自己教育的专业优势，指导家长了解孩子、关心孩子。即使面对最困难、最弱势的家长群体，学校也不能放弃指导家长的责任。家长也是需要成长的。上海市杨浦区部分中小学，面对进城务工人员随迁子女相对较多的现实，成立教育研究联盟，其中一个重要的研究内容就是随迁子女家庭的亲子教育。来自各所学校的校长教师专门为随迁子女家长编写了通俗易懂的《牛牛上学记》家长读本，开设家长阅读辅导讲座，让进城务工人员与自己的孩子一起融入学校教育中。

家长，不仅回应学校教育要求，还有参与学校管理的意愿，这是随着公民权利意识增强自然出现的诉求。参与学校管理，途径应该有很多。除了日常沟通提出意见和建议之外，作为学校机制建设，家长委员会逐渐在许多学校成为固定的家长参与学校管理的平台。这个平台的搭建是学校管理的一大进步，但从家长真正参与到学校管理中的目标看，平台搭建还只是一小步。关键在于平台搭建之后，如何真正发挥家长委员会参与学校管理的功能，而不仅仅是摆设，或变成非正当谋取家长利益的途径。佐藤学提出家校互动中要从家长参观教学到参与学习的观点，则是更进一步勾勒了把学校变成学习型社区的愿景。

如果说，家长作为资源，不一定都要或都能参与学校课程开发和实施，那么，在学生管理，特别是涉及学生学科知识学习之外的"成人"教育上，每一个家长一定都有跟教师合作的义务和责任。教师一定要把家长作为学校教育的重要"帮手"，而不是学生管理的"打手"。一个成熟的教育管理者，不会把向家长告状作为管理学生的撒手锏。事实上，在独生子女占绝大多数的家庭中，许多家长已经没有在孩子面前的威严和权威，不少调查表明，在家中最有话语权的常常是孩子。这种情况下，教师向家长告状，不仅没有效果，反而会损失在学生面前可以拥有的信任和权威。要让家长成为学校教育的"帮手"，教师首先要跟家长做好充分沟通，在教育目标、教育内容、教育方法上取得高度一致；其次在教育角色分工上有张弛之分、红脸白脸之别、冲锋与殿后之错位，这不是刻意扮演不同角色，而是营造有张力、有底线的教育环境，为的是更适应学生成长需要。

 **表现样例**

### 牵动人心的家庭科技实验角

2010 年，我们学校进行了"百个儿童家庭科技实验角"的课题推进活动。暑假里，我们班级的田骁栋家庭参加了学校的家庭实验角的创建，孩子的兴趣可浓厚了。可是，当时他只是个二年级的孩子，为了能让他顺利地参与到整个活动中，我觉得家庭的力量是必不可少的。于是在活动的签约仪式上，我把田骁栋家庭请进学校，让他们一家人认真倾听科技辅导老师的讲解，了解整个活动的目标、内容以及过程。事后，我和孩子一家细心交流，希望家长能够很好地协助自己的孩子，充分运用家的智慧，运用家长的资源，运用可利用的一切，积极有效地参与到这个活动中，让孩子在实验中体验，在课题中成长。孩子父母对这个活动也充满了好奇，他们表示愿意在活动中和孩子共同探究、共同进步。

回家后，田骁栋和爸爸妈妈商量了一番，在阳光充足的阳台旁建立了自己的实验角，取了一个响亮的名字——"我的未来不是梦"，还热情地欢迎我来到他们家中进行参观。看着一家人欣喜的表情，我看到的是孩子和家长们对未来的美好憧憬，感到十分欣慰。

第一次实验，全家人都十分重视，根据孩子的实际情况，讨论后决定先做一做比较简单的"种子发芽"实验。妈妈替田骁栋买来了一斤绿豆，田骁栋拿来三个不锈钢碗，随手抓起一大把绿豆放进碗里，妈妈见了连声喊："不行，不行，太多了！每个碗里只要放上二三十粒豆子就够了，太多了，会影响豆子发芽，也会影响你的观察的。"在妈妈的指导下，田骁栋把三个碗分别设为 1 号、2 号和 3 号碗。在 1 号碗里加入少量的水，还盖上一层纱布；2 号碗里加入适量的水；3 号碗里加入较多的水。然后把三个碗并排放在实验观察台上，便于观察实验的过程，进行记录。

第二天，种子开始发芽了。田骁栋想测量一下三个不同的碗里种子发芽的长短，可是小芽芽都挤在了一起，很难测量。正当孩子发愁时，又是妈妈帮助了他，她指导孩子小心地把那些小芽芽拉开，让他们尽量平均地分布在碗底，这样就容易测量多了，于是顺利地记录下了不同的 3 个碗中种子发芽的具体数据。

第三天、第四天……没有父母的提醒，田骁栋始终坚持着，并且认真记录着。

这一天，爸爸来到田骁栋身边，笑着说："栋栋，给我看一下你的实验记录吧！""嗯，嗯！"田骁栋满口答应。爸爸看着手中孩子的记录，忍不住笑了。"你呀，做事虽然很认真，但是却没有好的方法。来，你看，那么多数据挤在一起，谁看得明白呀？这也不利于你最后写实验结论呀！爸爸和你一起来设计一个观察表，这样就方便多了。"于是，田骁栋看着爸爸画好了一个表格，爸爸建议横行上写上 3 个碗的编号，竖行里写上观察的日期，中间的空格上就可以填写测量到的芽芽的长度了。"爸爸，你真了不起！这样一来，我的观察记录就很清晰了！"田骁栋马上把自己观察到的数据填到这个表格中，实验的结果清楚地展示在眼前，结论也就显而易见了：1 号碗中的纱布吸取了碗中大量的水分，所以种子发芽受到了影响；2 号碗中水分适量，再加上阳光充足，所以种子发芽情况良好；而 3 号碗中的水分过量，种子反而不发芽了。

整个实验历时一周，在实验的过程中，我经常会关心这个家庭。有时在学校里和田骁栋随意聊聊，打听一点关于实验的消息，帮着出点主意；有时打电话到孩子家里，和孩子父母进行沟通，解决他们遇到的困难，并再三提醒父母只能起到辅助作用，孩子一定要成为实验的主体；周日的下午我又一次来到孩子家中，亲自观察孩子的实验成果，指导孩子撰写简单的实验报告……一次次的关心、一次次的交流，拉近了我们之间距离，也使我进一步体会到了家庭教育的重要性。

虽然"种子发芽"是一个小小的实验，可真是牵动了全家人的心，孩子和家长的交流更丰富了，家长跟老师的交流也有了充实的话题。

（上海市平凉路第三小学，沈丽瑾）

 资料链接

## 大宁国际小学邀请家长进校"督学"

孩子每天在学校吃得怎样？与老师关系如何？日前闸北区大宁国际小学传出消息，本学期起每天邀请两位家长进校"督学"，共同关注孩子成长。

"督学"从孩子进校开始，到放学结束。二年级学生张熙楠的妈妈许秀芹送儿子进校后，径直来到一楼的"家长办公室"。拿起桌上的表格，许女士与当天的搭档垫女士开始核对当天的巡查内容：老师是否拖堂，眼保健操情况，午餐情况……十几项指标写满了一张 A4 纸。

第一节课间，两位家长开始巡查。第二节课二年级学生上数学要"走班"，按不同进度分成"智多星班""小机灵班""聪明豆班"，孩子们拿起课本各找教室和不同老师。两位家长讨论："本以为这是把孩子分三六九等，心里有点想法。但上次来巡视时听了一堂课后才知道，不同学习基础的孩子应该有不同的教法，学有余力的孩子和跟不上的孩子可以各取所需。"

巡查过程中，孩子们的在校活动特别受家长关注。上午第二、第三节课中间是眼保健操时间。两位家长发现，二年级和三年级的两个班老师拖堂，影响孩子护眼，马上在巡查表上记录。第三节课，两位家长到操场观摩体育课。"学校把课程表交给我们对照检查，没发现体育、音乐、美术被占课的情况。体育课上轮滑、足球等或多或少有摔跤受伤的风险，但体育老师讲解和防护很到位，我们也就放心了。"

时至中午，营养午餐备受关注。天气转凉，饭菜热气腾腾，孩子们吃得很香，这让两位家长放心。"学校午餐味道不错，但饭后缺少水果和酸奶。家委会调研中，不少家长反映希望午餐提供水果、上午课间增加一顿点心，具体事宜正与学校磋商中。"

（《解放日报》，2012 年 12 月 14 日，李爱铭）

## 九、情绪管控——组织管理理性制衡

情绪、情商之类的词语在生活中运用广泛，管理学中"情绪管理"是指运用心理科学的方法有意识地调适、缓解、激发情绪，以保持适当的情绪体验与行为反应，避免或缓解不当情绪与行为反应的实践活动。情绪管理既是个人社会成熟度的必修课，也是管理者推动组织发展的重要方式。教师管理意识中关注学生情绪是常见的管理认知，在如何调整学生情绪上多有经验式做法，倘若能够自觉借助心理学、管理学的有效做法，可以比较理性地培养学生自我认知、调试情绪的能力，学校教育帮助学生增强社会性的目标也就有了好的保障。培养学生情绪管控的方法有很多，心理学上的认知调适、合理宣泄、积极防御、理智控制、及时求助等方式，管理学上的沟通对话、环境改变、氛围营造等方式都会对学生情绪管理起到很好的效果。

### （一）让组织成为成员情绪的避风港

犹如家庭往往被比作家庭成员的避风港一样，学生学习组织除了是学生获取知识和能力的主要平台外，也是学生情感态度价值观发展的重要场所。组织能否让学生产生认同感、归属感，与管理者对学生情绪的关注、调适直接相关。情绪是人对事物态度的体验，隐藏在学生内心，只有在学生认为可以信任、放心的环境中才会外显为行为和语言的表达。好的管理者，能够让学生在组织内放松地表达情绪，只有及时了解学生情绪状态，才能够从情绪管理的角度介入适度的引导。

我们经常遗憾地看到，一些教师认为，好的学习组织管理，就是学生不敢乱说乱动，被管得"乖乖的"。管理学是人学，管理者推己及人的人本意识非常重要。未成年人内心的丰富、敏感程度并不亚于成年人，可能因其自控能力较弱，会表现得更加不稳定。班级及其他学习组织是学生学习生活的主要场所，泯灭天性的严苛管理可能在短时间里求得一时平稳，长此以往，对学生性格、心理的负面影响难以估量。更有一些由此或直接或间接引发的危机事件，譬如说"恶少"勒索、凌辱个别学生等现象、事件可能发生在班级组织之外，究其原因，在诸多原因中，有一个情况不容忽视，这些事件的主使者和参与者在家长和教师眼中，不是一个让人一眼就不放心的"坏"孩子。他们在学习组织内的表现往往不引人注目，也很少有突兀的情绪表现。往往就在不起眼的外在表现下，学生内心的情绪冲突、认知错误非常激烈，不为人知，教师自然也容易忽略。教师不是"读心"大师，但教师可以营造一个让学生能够安然、轻松表达情绪的环境。

当然，这不意味着学习组织是学生情绪的宣泄室。情绪的极度宣泄要在专业心理教师的指导下在特定场所进行。在学习组织中，学生情绪表达的程度、方式要在管理者的视野范围内，组织内的相关规则也对情绪表达其一定的制约作用。只要是不伤及自身、他人、公共领域安全的情绪表达都要鼓励其表达。

## （二）让组织成为成员扬帆远航的起点

表达情绪不是情绪管理的终点，而是管理者培养学生管理情绪的开端。有心理学家认为情绪调节是个体管理和改变自己或他人情绪的过程。教师通过一定的策略，使学生情绪在生理活动、主观体验、表情行为等方面发生一定的变化。这里，我们更多讨论的是负面情绪的改善。当负面情绪出现时，只有两种做法，一种直面它，二是放下它。

直面负面情绪，教师要帮助学生找出引起负面情绪的原因，分析原因中可以改变、避免的问题，检讨自我可能存在问题，对他人或客观环境造成的不适、阻碍，从"同理心"的角度理解，以期降低负面情绪的程度。

放下负面情绪，不是逃避，而是暂时回避情绪的负面影响。教师要引导学生转移注意力，通过运动、人际交往、做有兴趣的事情等让学生暂时忘记负面情绪，待学生情绪平静后再和学生讨论负面情绪的原因和解决之道。

负面情绪，直面它，放下它，为的是轻装上阵的出发。学生在学习组织中不断学习的情绪管理是完成其社会性的重要方式。基础教育最终培养的是社会合格公民，在长达十二年的学习经历中，伴随知识学习，能力不断提升，其中能力提升的一个重要板块就是情绪管理的能力。在一个人的生涯之舟上，情绪就是风帆，标志着生命的颜色和状态，教师要做一个鼓起学生生命风帆的人，让学生带着成熟的心理人格驶出学校学习组织的港湾，到更阔大的海面驰骋。

 **表现样例**

## 和哭闹说再见
### ——小学生自我情绪控制辅导案例

一、基本信息

这日中午"一日清扫"结束后，孩子们和往常一样安静地坐在教室里，抄写备忘录、阅读课外书。因为只有几条简单的口头作业，很快，他们便写完了，陆陆续续取出课外书安静地阅读着。

再看为为，不知道从何时起，双手又在课桌里玩耍着什么，这已经是第四次让我注意到他了。第一次，为为继续被课外书吸引，不愿打开本子写；第二次，将笔套放在嘴里，想心事、发呆；第三次，哐啷一声巨响，铅笔盒掉地上了。

我不停地提醒："为为，别看书了！先写备忘录，写得好又快，奖励奖章。"

"为为，笔套脏，不要放在嘴里，抓紧写备忘录了！你不想要奖章了吗"

"为为，小朋友都写完了，你在忙什么呀？再不抓紧老师要扣奖章了！"

几次提醒，看来都不见效，为为刚写了几个字，又停笔了。我来到他的课桌旁，这才发现，他正在玩折纸，备忘录上只写了一个日期。于是，我拿起为为的奖章本，严肃地说："老师提醒了你那么多次，全班小朋友都已经写完了备忘录，而你一条未写，扣一个奖章。"说着，我拿着他的奖章本回讲台。

这下为为急了："不要！不要！"他一边大叫着，一边冲上讲台。看他情急，我又心软了："奖章本先放在老师这里，你下去写备忘录，写完了，老师把奖章本还给你！"为为根本不听，嘴里不停哼哼："嗯——嗯——嗯——"黏着我，不依不饶。我一边用手挡着他，一边不由往后退。他继续步步紧逼，贴着我，没有放弃的意思。我提高了声音："听清老师的话，奖章本先放在这里，你下去写备忘录，写完后，老师还给你。老师已经提醒了你那么多遍，再不听话，就扣奖章！快！"为为就是不肯，仍旧黏着我，逼我让步。见他如此不听劝告，最终，我拿起红笔，扣除一个奖章，将本子还给他。

接下来，为为可以说是爆发了，高声哭喊着："不要！不要！不要！"哭闹声惊动整幢教学楼，吸引了办公室的老师纷纷来看热闹……

开头情景描述中的场景，隔三岔五在班级里发生。主角——为为，比较自我，情绪控制能力弱，遇到不顺心的事情爱大声哭闹，耍赖。

二、简要分析

为为，一个聪明、活泼，接受能力强的小男孩，顽皮，精力充沛，走路从来都是蹦蹦跳跳。下课总能看到他在教室、走廊上奔跑，窜来窜去。学习习惯有待养成，做练习拖拖拉拉，边做边玩。来到小学，结识了新同学，但是不能与同学好好相处，遇事爱计较，经常和同桌以及后面的女同学，为了小事发生矛盾。

从以上的情景描述，很多老师都可能认为这是一个被宠坏了的、任性的小男孩。在学前家访以及和为为家长多次沟通交流中，老师并没有发现家长有过分溺爱孩子的行为倾向。为为爸妈对孩子的教育比较正面、传统，尤其爸爸管教严格，孩子日常情绪平复时，样样道理都懂。但是遇到具体情况，很难落实到行动，很明显存在着认知与行为发展不平衡现象。犯了错、有了过失，为为害怕承担责任，负面情绪一旦被调动起来，就控制不住自己，大声哭闹个没完没了，尽情发泄，往往把事情弄得更糟。可是，但情绪平复之后，他任凭老师如何教育，甚至爸爸的责打都愿意接受。

由此可以判断出为为的这种表现属于自我情绪控制问题，如何帮助孩子有效克服负面情绪，积极控制自己的情绪，是老师关注的重点。

三、辅导过程

（一）联系家长，了解情况

当为为情绪基本属于失控状态时，老师任何的教育、劝说都是无用的。他边哭边阻止老师采取任何措施，看到老师要打电话给家长，他的情绪更加激动，哭得更响。为了不影响教室里其他的孩子，也给为为保留一些面子，我首先而且唯一能做的，就是想办法先请他去办公室。可是，为为不愿意，就是要站在教室里哭。我灵机一动，故意说："我去打电话给爸爸！"说着就往办公室走，为为一听慌了神，快速跟着我来到了办公室。进了办公室继续黏着我高声哭喊。

为为受不起批评，为了一点小事爱哭闹，这些我基本已经习以为常。因此，当他闹情绪时，我一般都是试图转移他对不开心事情的纠结，但是这一日没有用。这么失控的发作是意料之外的，估计这样的状态绝不是偶然，也不会是第一次。需要和家长取得联系，了解情况。

我借口上厕所，悄悄拿了手机来到走廊上，和为为爸爸联系。果然不出所料，为为这哭闹的发作行为在幼儿园里经常有。爸爸很重视为为这一缺点，原本以为上了小学，孩子会有所改善，不想还是老样子，很是纠结。我了解到，以往，为为这样发作，一般都得不到家长、幼儿园老师任何的让步、妥协，最终的结果，都是受到严厉惩罚。可是孩子似乎生性如此，纠正比较辛苦。我告知家长，这一行为不能简单地理解为是"任性"，孩子自我情绪控制存在一些问题，需要家校关注并积极引导的。家长频频表示会和孩子进行沟通，多关注，加强教育引导。

（二）谈话教育，说明利弊

为为哭了一阵也累了，情绪发泄得也差不多了。见我迟迟不让步，只能快快地看着我，嘴里不停地小声哼哼。我见他情绪稳定不少，开始了谈话：

【谈话实录一】：让为为认识到任性哭闹是一种幼稚的表现，不能解决任何问题。

师：不哭了？哭够了？

为为：（有些胆怯地点点头）

师：老师现在愿意和你谈话，但是前提是：你好好回答，不允许哭，如果哭了，就暂停谈话！

为为：（点头答应）

师：在幼儿园里，像今天这样的哭闹有过吗？

为为：有过。

师：经常吗？

为为：（不好意思地点点头）

师：小朋友和老师当时是怎么做的？

为为：看着我哭。

师：他们觉得你这样奇怪吗？

为为：不知道，他们没有说。

师：我们班级有没有原来幼儿园的同学？

为为：没有。

师：今天看到你这样的表现，同学们会怎么想？如果换作你，今天看到一个同学这样发作哭闹，回家你会和家长怎么说？

为为：（听我这么一问，为为情绪又有小的激动，跺跺脚想哭。）

师：控制好情绪，要哭，我们就暂停谈话！

为为：（努力忍住眼泪）

师：很好！能控制自己的情绪，做得好！

为为：（在我的鼓励下，努力平复自己的情绪，小脸很快就自然了许多。）

师：除了哭，幼儿园小朋友还知道有关你的一些什么特点？

为为：聪明，我是幼儿园里最聪明的，参加奥数比赛，（幼儿园）墙上有我的表扬的。

师：原来是这样呀！真好！但是，我们学校，我们班级的小朋友知道吗？

为为：不知道。

师：上学一个多月，他们会怎么概括你的特点呢？

为为：（不好意思，神情严肃地看着我）

师：发脾气哭闹是小孩子的行为，幼儿园时这么做，可以原谅，年龄还小。现在成为小学生了，一遇到不开心，任性地哭闹，会被认为是幼稚，一点不聪明。你现在给新集体的同学印象最深的就是"天下无敌大哭闹"！你在哭的时候，老师看到很多同学的表情：惊讶、讨厌，甚至是看不起！你愿意大家这么看你，并回家这样向爸爸妈妈描述你吗？

为为：（脸上的神情由严肃变成了懊悔，忍不住轻呼）不要！

师：对着老师说"不要"有什么用！"我是小学生了。"要表现在具体的行动中。

【谈话实录二】：让为为认识到奖章是靠"做到"得来。

师：告诉老师，什么事情值得这么大声的哭闹？

为为：我要奖章，不想扣奖章。

师：你说说看奖章是干什么用的？

为为：奖励做得好的小朋友。

师：你做好了吗？没有做到，老师扣奖章对吗？

为为：就是不想扣奖章，扣了就没有了。

师：老师说过很多次了：想要得到奖章，需要付出行动。没有付出行动，通过哭闹是得不到的。本来今天不抓紧扣一个奖章，而且老师当时说暂时把奖章本放在讲台上，如果你接下来抓紧写备忘录，老师不扣奖章，还是给你机会的。可是你偏偏不肯。哭闹换来的是小朋友的取笑、老师的批评、爸爸的责罚，得不偿失！

老师送给你一句话：想要和得到之间，有很重要的"做到"。希望为为用"做到"来争取奖章。

为为：（跟着我，奶声奶气地）想要和得到之间，有很重要的"做到"。

最后，对于为为中午拖拉的表现，我也让为为重新反思总结了一下。孩子情绪稳定了，什么道理都懂，总结得很清楚：不该拖拉，老师的提醒要及时听。还巩固了一遍中午该完成的日常任务和要求。小家伙心里都明白，就是不愿按照要求做。

（三）控制情绪，指导方法

从小就有着犟脾气的我很能了解为为，情绪一旦上来，自己很难控制。

作为老师只能在他理智清晰的时候，不断帮助他认识这么做的危害，希望在认知上能帮助孩子有所提升。我告诉为为，他是班级里最聪明的一个，身上还有很多优点。因为才来小学，来到新集体，小朋友都不了解。每个小朋友身上都有优点和缺点，来到一个新集体，互相都不了解，我们正好可以把缺点藏起来。有的小朋友在幼儿园很胆小，也爱哭，到了小学，就积极改正，老师同学就不知道他原先有这样的不足，多聪明！老师也希望为为能发挥自己的优点长处，让小朋友都觉得这个同学很了不起！原先为为在幼儿园是出了名的聪明，参加小机灵比赛，为幼儿园争了光。小朋友都很崇拜他。如今来到小学，身边崇拜的目光少了，也是他不习惯的一个因素。有时任性哭闹是为了引起老师的注意。听我这样一开导，为为目光发亮，我的话似乎说到他心里了。

接下来，我趁热打铁，教孩子控制情绪的方法：

1. 及时听取老师的提醒，不让不开心的事情发生。

2. 不开心的情绪上来了，要学会转移注意力，往前看！学着说："我被扣奖章了，没关系，再争取！"

3. 实在抑制不住心中的难过，可以哭，但不可以发出声音，可以趴在桌上小声抽泣，尽量不让小朋友注意。

这3条，我让孩子复述了几遍，帮助他记牢。小家伙一会儿又笑了！

四、个案反思

（一）家校努力很重要

为为哭闹事件的发生，作为班主任的我及时想办法从家长处了解相关情况，是较为合理解决此事件的基础。在和家长的沟通中，不仅确定了孩子在情绪控制方面存在一些问题，同时，也提醒家长重视对孩子这一问题的认识与教育，做到了家校教育的一致。造成孩子自我情绪控制有问题的因素有很多。就为为的家庭教育情况来看，可以基本排除家庭溺爱这一因素。当孩子企图用发泄来解决问题时，在家里和幼儿园都没能获得支持。可以初步认为，孩子的这一表现有先天的因素。找到了问题的症结，有助于家校一同采取一致有效的方法来帮助孩子学习调控自己的情绪。

（二）平复情绪是基础

做老师快 20 年了，遇到为为这样情绪失控，黏人不讲道理的孩子还是第一次。在此事件中，我觉得教师情绪的把控很关键，这其中，不仅仅是孩子的情绪，教师自身的情绪也需要有效控制。事件发生后，我严格控制自己的情绪不受孩子影响，确保理性教育为为。如果老师也像孩子那样，因生气而一度情绪失控，对着孩子大发雷霆，事情就可能演变得无法收拾。其次，孩子情绪激动时，任何鼓励、表扬、批评，甚至恐吓都是无用的，教师首先要做的是，帮助孩子平复情绪。用巧计引孩子进入办公室，没有众人围观，有助于孩子冷静；找借口离开一会儿，有效帮助孩子进一步冷静。只有平复了孩子情绪，让孩子冷静下来，接下来的教育才有效。

（三）方法指导很必要

此次事件，在家校共同努力下，为为基本明确不可以肆无忌惮地发脾气，有了初步的控制自己情绪的意识。但是控制情绪不是一件容易的事情，当实际事情发生之后，孩子的表现会有很明显的反复，需要老师在过程中，一边教育，一边注意引导。教育最后，我给予了孩子具体可操作的方法，是给予孩子最切实的帮助。指导、帮助孩子学会控制自己的情绪，需要教师后天不断地给予关注和方法的指导。我想，家校联手，一同努力，孩子定会慢慢进步，并有效迁移到其他自控能力的提升。

（上海市控江二村小学，王律言）

 表现样例

### 学会有尊严地输

偶然听到白岩松在上海交大的演讲，对他的一句话印象颇深：体育不仅教会了孩子体面地赢，更教会了孩子如何有尊严地输。这让我想到了龙应台在其一篇文章里的一段话：我们拼命地学习如何成功冲刺一百米，但是没有人教过我们：你跌倒时，怎么跌得有尊严。是的，我们的教育总是在让孩子

拼尽一切力量去赢，我们教他们各种赢的办法，但恰恰忽略了一个常识——人的一生中，输是不可避免的。然而在我们从家庭到学校整个的教育体系中，却很少教孩子怎么去面对痛苦、挫折和失败，怎么能有尊严地输。

学业的竞争中受到挫败，有的孩子就无法接受，或是自暴自弃或是逃避不愿再上学；面对班级的行为规范屡屡被扣分，评比排名靠后，班干部们不是反思自身存在的问题，而是想着怎么更多地去扣其他班分数或是想办法贿赂检查的同学；班长在每周的班级情况总结时，会庆幸地说"虽然我们表现不是太好，但我们的竞争对手更糟糕，还好他们排名在我们后面，我们可以偷着乐了。"想赢不想输，这是人之常情，但是当输不可避免时，我们的孩子却是越来越输不起，越来越没了气度。

让我印象最深是这样一件事。

学校进行优秀班集体的评选活动，要求具有评优资格的班级准备 3 分钟的竞选演说，然后由老师和学生代表进行投票评选出市区的优秀班集体。虽然我所带的班级具有评优的资格，但胜出的可能性很小，甚至是几乎没有。

于是班长来问我："老师，我们要不要弃权？"

"为什么弃权？"

"我们班根本选不上，参加竞选也就是打酱油，所以还不如弃权。"

"这是你一个人的想法还是大家的想法？"

"是……我们几个班委的想法。老师，不是我们偷懒，就是，我们觉得意义不大。花精力去准备也是白费力气。"

我想了想，对班长说："我不赞成你们的想法。参加这次竞选结果固然重要，但在这一过程中所体现出的我们班的精神、形象更重要。如果弃权，我们不仅输了这次评优的竞争，还输了人。我们不能做逃兵，即便是输，我们也要输得体面，所以我们依然要全力以赴地去准备。"

听了我的话，班长沉默了一会儿，然后说："那我们班委就去好好准备。"

"这次竞选，不要只靠你们几个班干部，要发动全班同学来献计献策。这是我们班的大事，要让大家都来参与。"

就这样，班长利用午间休息时间向全班同学做了动员，虽然同学们的积极性仍旧不太高，但也还是提出了些有创意的点子。经过一个星期紧锣密鼓的准备，最后我们在竞选中还是很好地展现出了我们班级的风貌。结果自然是意料之中的，我们落选了。

竞选失败之后的第二天，我就给学生上了一节主题教育课，主题就是如何面对输。在这节课上，我告诉学生，输是人生的常态，我们为什么不能把漂亮、有尊严的输和失败也当成一种成功呢？当你的人生有了一定的阅历之后，你会明白，有很多让你热泪盈眶的输以及失败是让你极其难忘的，更是让你在精神极度空虚的时刻，能够让你继续生存下去，使生命丰富、圆满的宝贵经历。

（上海杨浦高级中学，张璇）

## 十、爱与尊重——组织管理情感润滑

爱的教育，几乎无须赘言其践行的重要性。从管理学的角度看教师的管理意识，我们把组织管理的理性思维放在了前面。最后，还是要用一些笔墨让"爱与尊重"为教师管理意识的教育实践画上圆满句号。当更多的管理金科玉律以名目繁多的面目示众时，我们一直心存警惕，不能把对人的管理，特别是对未成年人的管理完全放在机械的管理框架上。所有指向组织绩效的管理都不能缺少情感的润滑剂，所谓大音希声，大象无形，大爱常常无言，管理者无须表白抒情，一个眼神一个微笑、一举手一投足，都是爱与尊重的传递。

有一条经心理学家千万次证实的立论：孩子从小获得的是爱和尊重，往往长大后也学会爱和尊重，反之亦然。西方教育史上，最早研究教育、教学方法的教育家是昆体良，他是集古希腊古罗马教育之大成的教育家。"教师要以父母般的感情对待学生"这句至今仍为许多教育工作者津津乐道的话就出自昆体良之口。他又进一步强调，教师要和学生建立良好的关系，必须"让教师首先唤起个人对他学生的父母感"（《世界教育史》，麦丁斯基），这个主张在夸美纽斯那里也得到了响应，他主张教师要像慈父一样爱护学生，和善愉快地传授知识，以便让学生"在没有殴打、没有号泣、没有暴力、没有厌恶的气氛中，总之，在和蔼可亲和愉快的气氛中喝下科学的饮料"。

## （一）师爱诠释

师爱如同父母之爱的观点在中外教育发展史上具有普遍的号召力和认同感。瑞士著名教育家裴斯泰洛齐认为教师对待学生的态度应和父母对待自己孩子的态度一样。裴斯泰洛齐以他的言行做出了表率。他和学生同吃、同睡，"从早到晚，我都是一个人在他们中间。一切对于他们的身心有利的东西都从我手中到了他们身上，任何需要时的帮助和扶持，任何为他们所获得的教诲，都直接从我发出。我的手握着他们的手，我的眼睛注视着他们的眼睛。我的眼泪和他们一块躺下，我的欢笑跟着他们一块欢笑。……我什么也没有，没有家，没有朋友，没有仆人；只有他们。"读到这里，读者可能会在对裴斯泰洛齐的爱生行为感动的同时，产生一些困惑，真正能做到如此师爱的有几人？的确，裴斯泰洛齐以献身精神把父母般的师爱推向了极致，并且充满了诗人般的浪漫情怀。需要指出的是，他的教育经历有一些特殊性。他曾两次开办孤儿院，收容多名孤儿和流浪儿，他对孩子父亲般的关爱，赢得了学生无比的热爱和深切的怀念。也许，对孤儿的教育更能体现教师的爱心。但是，在任何对象、任何形式的教育中，不论是身世特殊的学生，还是正常环境中生活的学生，教师在建立与他们的感情时，都应该全身心地投入，付出自己全部的情感。这就是民主主义教育理论家和教育实践家裴斯泰洛齐对师爱的诠释。

## （二）师爱思辨

写到这里，我们忽然觉得在师爱内涵的探讨上用思辨一词有些失衡。古往今来，师爱如父母之爱的认识已经汇成一股强大的潮流，在教育发展史上，许多教师以可歌可泣的经历激起了教育长河中一朵朵美丽的浪花，但是，尽管我们对父母般的师爱报以崇高的敬意，我们还是要客观地把一些不同的声音放出来，引起我们的思考。在日本教师养成研究会编写的《道德教育之研究》一书中，作者大胆提出，教师对学生的爱，与父母的"自然之爱"是有区别的。作者认为，如果说，父母之爱是源于自然天性的本能之爱，"教师的爱不如说是一种责任心的爱。教师如果基于自然的爱，也许不可能无差别、无条件地去爱一切弟子。因为不是自然的爱，所以说'必须爱'！这是一大责任。并且，教师的爱不是如父母对于孩子的容易显露的自然的爱那样平常的、盲目的爱，而是必须与教育技术相结合的理性的爱。"基于此，可以说，师爱高于父母之爱。我们认为，在教师和学生的情感交流的过程中，教师长辈般的关爱固然需要，但基于教育专业性的师爱才更有价值，爱每一个学生，遵循教育规律和学生才有可能衍生出师生关系的另外一些特点，如尊重、平等、民主等等；才能避免专横、纵容、迁就等等不应有的情况。

 表现样例

### 一件被送回的毛衣

我国早期话剧活动家、艺术教育家李叔同先生曾在浙江两级师范学校任绘画、音乐教员，同时兼任学生宿舍的学监。一次，一位家境并不富裕的学生唯一的一件毛衣被人拿走了。身为学监，李叔同先生了解了一些具体的情况，各种情况表明，毛衣是被失主同宿舍的一个学生藏起来了。李先生没有以一定要抓出"小偷"的态度处理此事。在李先生的心目中，教师和学生的关系不是警察和小偷、犯人和狱卒的关系，而是可以平等沟通的人与人之间的关系。也许是受了佛教的影响，李先生期待着犯错误学生心灵的顿悟。他告诉同学们，他能够理解拿走毛衣的人现在一定也十分后悔，他希望这位学生不论以什么方式一定把毛衣还出来，他有信心等待这个良好的结局。为了表明自己的心迹，李先生以绝食明志。每天，他依旧认真上课，依旧温和友善地和学生相处。一天、两天、三天过去了，毛衣仍没有被还出来，李先生不愠不怒，继续绝食下去。终于，那个拿走学生毛衣的学生被先生的举动感化了，他流着眼泪向先生诉说了一切……据说，这位犯了错误的学生现在是我国科学界一位著名的院士，这个故事就是他在参加校庆时亲口告诉大家的。

（《教师的人际关系》，陈爱平）

 表现样例

### 感情问题来不得半点虚假（编者加）

情感上的事来不得半点虚假，只要有一点杂质，总会不知不觉地流露。起初接七五届一个班，学生不懂事，其中几个"挑衅者"精力十分旺盛，力气无处用，拳头扬威，欺负弱小同学是常有的事。热闹的时候，男同学打，女同学打，更有甚者，男女混合"双打"我真是疲于奔命。"说破了嘴，跑断了腿"，有老师给我如此写照。耐着性子一步一步抓，班级逐步稳定，是非观念加强。可有一位女同学变化不大，常惹是生非。我懂得，教师要有一副敏锐的目光，善于发现学生身上的优点。教师不可能代替学生成长，施教之功在于"长善救失"，发现、发挥学生的优点、长处，帮助他们克服存在的缺点与不足。这位女同学身上优点突出，比如，学习上反应快，聪明；碰到事情敢说敢为，毫不含糊。然而，她总是不断闯祸。表扬她，她就目中无人，闹得学生中间难以安宁；批评她，不仅一跳三尺高，而且看到你教师，就用眼梢瞟你一下：以表示对你的蔑视。访问家长，父亲冲着你说："你把她送派出所好了，我们管不了。"到居委会了解情况，想讨教有效的教育方法，工作人员说："这是胡蜂窝：一门三杰，和邻居吵架，母女三人会立即在地上打滚。"在学校办公室里，我对我的同事说："我是黔驴技穷，对这样的学生如何才能以情激情，以心换心，我真是一筹莫展，太愚蠢了！"可不，开学请她缴学费，六元钱，她一状告到了报社，说我要学生缴费，是继续执行修正主义教育路线，没资格当老师。党支部书记笑着对我说："看来你还得反省反省，不过，学费还是要缴的。"

一天早晨早操时，她不仅不认真做，还打这个一拳，踢那个一脚，像旋转的陀螺一般一刻不停。我提醒了多次，她不理睬。那时，学校有50多个班级，两个操场在做操。班级男同学都整整齐齐做，就是她不肯停下来。我忍无可忍，对她说："你又不是'十三点'！"这话真灵，她马上不乱动了。话一出口，我就很后悔，平时有些同学看她疯疯傻傻，叫她十三点（北方话的意

思就是二百五），我一再劝说同学不可这样说，而今自己却脱口而出，出言不逊，言为心声。为什么会出言不逊？思想深处觉得这位同学麻烦。既然觉得麻烦，怎么可能全心全意体谅她，热爱她呢？自责还没来得及，学生周记上的批评就来了。一名患小儿麻痹症后遗症的女同学在周记中写道："今日早操时，你骂学生十三点，我们班级是没有十三点的，只有阶级姐妹。你骂学生十三点，你的阶级感情到哪里去了？你还像不像个教师，配不配做个教师？"太厉害了，上纲上线，我边读脸上边发热，"文化大革命"挨斗，也没说我不配当老师。冷静下来扪心自问，确实有愧。感情问题来不得半点虚假，对学生丹心一片，情深似海，就不会言语不逊，伤学生的自尊。学生是有尊严的，岂能冷嘲热讽伤学生的心！师生之间要真诚相待。我没有掩饰自己的错误，主动到班级读了同学写的周记，说明自己为何会出言不逊，心里是怎么想的，并向被嘲讽的同学道歉，请她原谅。这件事我记了一辈子，教训深刻，不断叩问自己的灵魂，要努力提升思想，净化感情。

（《岁月如歌》，于漪）

# 第四章

超越规范：教师管理意识的修炼

德鲁克认为管理有五大任务，设立目标、组织、激励与沟通、评估绩效和培养人才（包括培养自己）。管理者的自我修炼是培养自己的重要途径，当然还需要组织成员所在组织的培养。教师是学生学习组织的管理者，从"孩子王"走向领导者，直抵"超越规范"的"自由王国"，是教育管理者成长的理想路径。上海市教育学会小学教育专业委员会会长、上海市打虎山路第一小学校长卞松泉在他的专著《治一校若烹小鲜》中以其多年治校思考和实践说道："没有规矩不成方圆，事无巨细的规范必成窠臼，'超越规范'的自律和大气，才能从约束走向创造。"超越规范的自由不是放纵，而是获取抉择的多种可能，有了可以把控自我的更大空间，在更大的空间里发展自我，变革、创新教育管理。

## 一、"王者"归来：管理者的自我管理

从"孩子王"到"领导者"，教师职业的内涵不断丰富。这一过程远远没有结束，就像教师职业专业化程度依然不高一样，作为管理者的教师专业发展还有很长的路要走。走在这条路上的教师面临着一个重要命题：管理者的自我管理。这也是一个挑战，作为管理者的教师，如何管理好自己的职业生涯，直接关系着被管理者——学生能否心悦诚服接受管理。把管理者的自我管理作为一种修炼，既是教师组织管理的重要前提，也是教师管理意识的升华。那个民间传说中的"孩子王"必须要有一份"王者"宠辱不惊的淡定，在回归理性的途路上，用管理者的眼光重塑自我形象，促进专业发展。

### （一）管理者核心品质

我们一直在寻找作为管理者的教师哪些品质最核心。一些调查多从学生角度去了解更受欢迎的教师工作态度、行事风格、性格特征、德行品质和外在形象等如何。问题可能在于，一是调查工具质量高低不一，不论文本问卷

或不同方式的访谈，许多类似的调查在问卷和访谈工具研制上仍显随意、粗糙，有碍调查内容的科学性；二是问题设计带有明显导向，学生碍于调研环境或基于自我保护等原因往往在"应然"和"实然"间游移，冲淡了结果的客观性。

一般调查容易把态度、风格、个性、品质、德行等混杂在一起，教师个性以及由个性衍生的风格相辅相成，风格要求教师不能千人一面，而德行又容易把教师职业要求过度泛化。如何从教师各种特质中更清晰地遴选与管理者素养最接近的品质，使之成为不论教师个性与风格如何不同，态度和德行有多少提升空间，都必须具备的管理者应有的品质，是本章节试图回答的问题。

### 1. 公正：机会即机遇

汉语的"正"字，真是一个太能传达其意蕴的文字。横平竖直，不偏不倚，没有一笔弯曲，没有一处失衡。从古文字的"守一以止"（段玉裁《说文解字》）到《易经·乾卦》的"刚健中正"，都传递这个字诸多义项中最核心、最本原的意义，"方直不曲谓之正"（贾谊《新书·道术篇》）。当"正"遇上"公"，去"私"谓之"公"，公正方可无敌。

公正对待每一个人，不论从学理还是从社会诉求上说，几乎不需要展开求证，然而组织管理中最常碰到的问题常常是来自组织内部的不公正。

教学活动中，因教师的好恶对不同学生会有不同的态度、要求、奖惩，这与"因材施教"完全是两个概念。有的教师偏爱学习成绩好、听话的学生，有的教师对家庭背景好的孩子更宽容。教师之间也常常戏称这个学生是"好人"，那个学生是"坏人"。笑迎"好生"，多多益善；背对"差生"，目中无人。学科教学中，学生参与学习，举手发言，教师偏爱好学生，对所谓"差生"视而不见，这些无声的歧视都是缺乏公正的表现。

在一个学习组织内，一个教师对应一群孩子，教师可能会忽略自身态度、言行的细微差别，但是，一群孩子的无数双眼睛和每一颗心灵会仔细捕捉到教师传递的所有信息。他们可能会理解教师因忙碌而带来的不经意的疏忽，但如果他们确认教师因自身好恶有意冷淡、忽略甚至批评某人时，就会认定教师不够公正，这样的认识一旦建立，对组织的信任感会被严重摧毁，排斥管理者的情绪和行为将不可避免。

孔子的弟子来自许多诸侯国，他们出身于不同的阶级和阶层，大多数是平民出身。颜回、子路、曾参、原宪、仲弓都是贫穷人家出身，住在破旧的房子里，一箪食，一瓢饮，三天不举火，十年不制衣，有的甚至家无立锥之地；也有小商小贩，如曾经从事投机贩卖的子贡；还有少数贵族出身的学生，如鲁国的孟懿子和南宫敬叔、宋国的司马牛等。在以官学为正宗的人眼里，孔子的学生可谓人品混杂，很有些疑惑和轻视。子路就曾经是孔子门下一个典型的"差生"，但在孔子诲人不倦的教化下改正了恶习，成为突出的人才。兼收并蓄，是管理底线；教之成才，是管理追求。

学生潜质有差异，学习态度有不同，教师的责任是给每个学生以机会，帮助他们发展到他们可能发展的高度。在这个意义上，给每个学生以机会，就有可能成为他们发展的机遇，这就是公平。

**2. 信任：放手即鼓励**

信任是人际关系中最重要的原则，也是组织管理者需要具备的核心品质。相对于公正，信任也是更难做得到的事情。管理者是否公正，可以通过许多显性的言行表现出来，难以遮掩；信任则更属于深藏内心的价值评判，不容易暴露。

"他人即地狱"是法国哲学家萨特借自己创作的话剧《禁闭》主人公之口说出的话，通过自我与外部世界的关系表达对绝对自由不可得的哲学思考，含义深邃。现在常常被人们用来表达对世界、他人的不信任感，信任危机四伏。

相对于一般企业组织成员的成熟与复杂，教师面对的学习组织成员要青涩、单纯得多。未成年人世界会有成年人世界投射的影子，也有这个世界特定年龄阶段不可多得的特质，管理者要珍惜这个群体的特质，用信任的目光交付所有的托付。当然，出于各种原因，组织成员辜负信任的情况在未成年人中也不少见。未能及时完成作业，可能就有一个编造的理由；未到校上课，可能就有一个身体不适的搪塞；没有做卫生值日，可能就有一个自圆其说的解释等等。管理者的信任是否会被滥用，成为疑虑所在。

信任需要条件，信任需要机制。有条件的信任就是，给予信任的教师，要放权让学生自我管理；接受信任的学生，要做出让教师放心的承诺。信任学生而出了问题，管理者首先要承担责任，这也是对学生的另一种教育；得到信任而辜负了信任，学生要为没有践行承诺而受到惩戒，这就是保证信任还可以不断给予的机制。信任是有条件的放手，放手对学生就是一种鼓励。

### 3. 宽容：纠错即成长

没有任何一种组织比面向学生的教育组织还需要管理者的宽容，其道理在前文也反复提及，因为组织成员未成年的特点，也因为教育自身的规律。有一位中学语文特级教师对他自己进行"三句话"评价：

我是一位经常犯错误的教师；

我是一位不断改正错误的教师；

我是一位合格的教师。

与其把这几句话当作这位特级教师的谦逊之言，宁可相信这是一位敬重教师职业的人发自肺腑的工作体验。

教师，成年人中的教育工作者尚且如此，对于未成年人来说，犯错纠错就是成长的过程。没有不犯错误的学生，倘若有，只可能是两种情况，一是他没有在你面前犯错误；二是为了不让你知道他犯错，用了错误的方式掩盖他的错误。第二种情况往往是教师不正确的学生观导致的，危害极大。

教育本身具有重复性，着力于人的所有教育内容都不可能像生产产品那样一次性完成，因为人接受知识、德性与能力等教育都有一个反复练习、吸收、运用的过程，这一过程因为人的能动性、灵活性、变化性等特质而呈现不同的状态。错误之所以存在，往往是因为具备犯错的主客观条件，倘若这些条件没有彻底消除，犯错的情况就会反复出现。教师作为具体组织的管理者，宽容学生的错误，就是悦纳工作本身。套用前文那位特级教师对自己评价的格式，应该这样去看待学生：

他是一个会犯错误的人；

他是一个不常犯同样错误的人；

他是一个在错误中不断成长的人。

犯错很正常，关键是不要总犯同样的错误。宽容错误是因为管理者对学生有所期待。希望学生不要在同样的地方反复跌倒。学生总是在不断犯错和纠错中成长的，拥有期待的宽容学生，就会用欣赏的眼光看待学生不断纠错的成长过程。

 资料链接

### 以信任取代恐惧

开学第一天，在开始上课前的两分钟，我就和孩子们讨论这个议题。多数教室以害怕为基础，我们的教室却以信任为基础。孩子们听到我的话，也欣然接受了。然而口说无凭，我必须让孩子们了解我所说的并非单纯的言教，而是言出必行的身教。

我在开学的第一天和学生们分享了这个例子。多数人都有玩信任练习的经验：有人向后倒，由一名同学接住。这种接人游戏就算连续玩过100遍，只要有一次朋友开玩笑故意不接住你，你们之间的信任就永远破裂了。不管他怎么道歉，承诺再也不让你摔倒，你就是无法不带一丝怀疑地向后倒了。我的学生在开学第一天学到了破裂的信任是无法修补的，除此之外其他的事情都可以补救。

没写家庭作业吗？只要告诉我，我会接受你搞砸的事实。你打破东西了？这种事是难免的，我们可以好好处理。然而，要是你破坏了我对你的信任，规则也将随之改变。我们之间大致上会维持一定的关系，但这个关系绝对不会和从前一样。当然，孩子们如果不小心破坏信任，也应该有赢回信任的机会，但这要花很长的时间。拥有我的信任让孩子们感到自豪，他们不想失去这份信任。他们几乎不会有这种想法，我也日日反求诸己，维持向他们要求这份信任的资格。

我有问必答。你提出的问题以前有没有人问过不重要，我是否觉得疲累

也不重要。我必须让孩子们看见我热切希望他们理解，就算他们听不懂，我也不以为意。在一次访问中，一位学生艾伦告诉记者："我去年问老师一个问题，结果她火冒三丈地对我说：'我不是已经讲过了？你根本没在听！'可是我有听呀！就是听不懂嘛！雷夫老师会讲解500遍，一直到我听懂为止。"

为人父母、师长的我们，总是对孩子们发火，往往也气得很有理由。然而，遇到学生不懂的时候，绝对不该感到沮丧。我们应该用积极的态度与耐心来面对问题，打造出立即、持久，而且凌驾于恐惧之上的信任。

（《第 56 号教室的奇迹》，雷夫·艾斯奎斯）

## （二）管理者的自我管理

### 1. 为自己做规划

作为管理者的教师在自身专业发展上要有明确的自我管理意识。教师要成为专业性很强的职业，除了政府要对教师入职做更科学完整的规定外，学校要为入职后的教师提供有效的培训支持，并为教师发展建立激励机制；更重要的是，教师自身要有继续发展的内驱力。这种内驱力与教师职业认同感、归属感有关，也与教育过程中逐渐增强的责任感和使命感有关。教师对于自己管理者的工作要有一个高于谋生、专业技术层面的理解，即从教育管理的整体目标上定位工作的价值。

教师专业发展的第一步就是要有专业发展规划。越来越多的学校开始加强人力资源建设工作，让每一个教师做专业发展规划，已经成为许多学校管理的常规工作。就教师个体而言，不论学校是否有做规划的要求，都应该对自己有专业发展的规划。其中一个重要的原因，不论是任课教师还是班主任，作为学习组织的具体管理者，本身具备规划自己的意识，并积极践行专业发展规划，既是管理者基本素养的体现，也是学生发展的表率。

一个好的规划要建立在了解自己的前提下。教师要先问一些问题：

我是谁？不是自报家门，而是分析自己在学校组织里，年龄和教学经历、学科和工作成就等在教师群体中所处的位置；

我的长处何在，我的短板在哪里？不是自我表扬和自我批评，而是要充分了解自己教学的优势和问题，扬长避短是一个很好的策略，但努力补足短板也是可以试着去做的事情，木桶效应在专业发展上至关重要；

我的价值观究竟是什么？一个人的职业发展，与其价值观紧密相连。良好的职业状态是职业发展需求和价值取向完全一致。从教师是教育管理者的角度而言，最重要的是教育价值观是否与其管理理念相符，这是发展的方向性问题。其中，与组织管理相关的教师的学生观、质量观至关重要。

这些问题在制定教师专业发展规划时，必须想清楚，因为这些问题关系到教师专业发展的起点在哪里，发展空间何在，方向是什么。

**2. 融入组织发展**

从教师职业身份来看，教师所属的团队组织有多层形态。首先是学校教师员工中的一员，属于学校这个完整的大组织；其次属于学科背景的教研组，还可以再归属到具体的备课组；另外还会归属于学校赋予的其他功能性组织，比如班主任工作的年级组，或一个科研项目、阶段性项目的团队等等。从现代管理学的角度看，每一个教师都是学校这个大的学习型组织中的"知识型员工"，他们不是学校"生产"的"成本"，而是学校发展的"资本"。教师要做自己专业发展的"经理人"，把自己作为组织中不可或缺的一员，融入组织，并在组织中发展，是自我管理的最重要的内容。

在很长一段时间里，我们在评价教师工作的特点时，往往喜欢强调教师工作的独立性，称教师是群体工作中的个体劳动者。的确，尽管现在学校也在强调教师要集体备课，统一内容，统一课时，但仅仅从备课这一环节上说，具体到对教学内容的理解、把握，教学方法的设计、准备上，还是要靠每位教师的努力和领悟；教师一旦走进教室，就是单兵作战的时间，教学的得与失，只有教师自己才能确切体会；还有批改作业、指导学生实验研究等等，教师的劳动方式就是这样具有个体性、独立性，因此常常有人把教师的劳动看作良心活。这是从微观上认识教师劳动的特点。

从现代学校教育的宏观角度看，任何一个教师都不可能靠个体的劳动单独培养出全面发展的人才。教师群体中的每个成员必须在自己的备课组、年级组、任教班级和其他有关成员密切协作，才能有效实现教育目标。随着教育内容的丰富，知识信息的快速传播，备课组里的教师只有发挥团结协作的精神，才有可能把对教育教学的理解最有效地传授给学生；在年级组和任教班级的教师群体中，教师个体必须看到，学生只有全面发展，才有可能取得成功，如果教师个体只盯着自己的学科教学不放，或者拼命和其他学科抢学生的学习时间，造成学生学科发展的不平衡状态，这都是对学生极不负责的表现，会严重阻碍学生的健康成长。因此，从教师劳动的特点出发，教师和同事的关系既有比较疏远、独立的一面，更有非常密切的群体协作的一面。

（1）融入组织：打团队品牌

在应试教育占主导的教学氛围中，学生、教师的所有活动都围绕着考试，学校领导对教师评价的重要甚至唯一的标准就是考试成绩，在这种教育教学环境中，教师不能不看重分数。"分，分，分，学生的命根；考，考，考，老师的法宝"，学生中流传的歌谣反映了学生的生活和心态；对教师而言，学生的分数也是教师的"命根"，学校教学管理部门要排班级名次，如果自己教的班级名次在后面，领导会怎么看，学生会怎么看，家长会怎么看，同事会怎么看，不仅影响教师直接经济利益，也会使教师心态非常焦虑。为了在考试中让自己的学生考出好成绩，一些教师就在教学上留一手：好的教学资料不拿出来和备课组老师共享，好的教学建议也放在心里不说出来，想方设法给自己的学生单独做几套试卷，课堂上的笔记吩咐学生不得外传其他班级……列举这些在很多学校并不罕见的现象，用意主要不是批评那些教学上留一手的教师，我们深知，教师要能够坦然面对竞争，除了教师本身要具备良好的素养、高尚的品德之外，更需要学校能够建立科学合理的教学评价机制，创设营造团队品牌的宽松和谐的教育教学氛围。如果学校从团队评优的角度开展评价工作，教师之间的不公平竞争也会减少很多。

（2）融入组织：在团队中成为不可替代的人

团结协作不等于集体平庸，更不意味着谁冒尖谁就是个人主义，在共同探讨、资源共享的基础上，教师要努力成为团队不可替代的"这一个"。一个好的团队就是要有越来越多的"这一个"。这就要求教师在团队中保持教学研究中独立的姿态，独立思考，有见解，并使之成为团队共享的资源。

在教学研究中，教师要在充分准备的情况下，大胆表达自己的思考，不怕与不同观点交流碰撞；自己整理的教学资源，要乐于和团队成员分享，分享的过程也是获取的过程，其他团队成员的建议和批评可能成为完善自己的更好资源。

班主任工作同样如此。年级组是班主任成长的团队，这个组织直接面对众多学生组织的管理，活动很丰富，评价很直接，一个有思想的班主任，一方面要带领学生完成组织管理的量化评价，一方面要不断探索如何使自己的班级管理更有个人风格，这种个人风格不是为标新立异，而是体现班主任独到的教育观、教育管理理念以及具体的学生观和质量观，成为班级管理中不可替代的"这一个"。

（3）融入组织：从"文人相轻"到"见贤思齐"

"文人相轻，自古而然"，这是三国时期魏国的曹丕在《典论·论文》中对知识分子人际关系的一个深刻认识，中国教师队伍作为传统知识分子队伍的重要组成部分，也在一定程度上沿袭了文人相轻的不良习性。有学者分析，文人相轻的问题与中国传统上把知识看得很重要有关。不同知识领域的人把持自己的知识疆界，容不得别人插足；又因为这种封闭性而使得自身坐井观天，孤陋寡闻。自命不凡、刚愎自用、唯我独尊等等性格特点在团队组织中会形成融合障碍。

有些教师业务能力很强，但是文人相轻的习性也很重，他们看不起同事，特别是看不起年轻的同行，既不和同事切磋业务，也不让青年教师向他学习，他所追求的是让人可畏而不可近的人际关系的状态。如果一个学校这样的人际关系氛围占了主导的话，教师的教育教学能力不可能得到共同提高，青年教师的成长也将十分困难。尽管逆境可以使人成才，但是，逆境中成才的代价往往也太大，能够从逆境中走出来的人毕竟不多。

"圣人无常师"，更何况每一位普通教师。从文人相轻到互相学习，是一个人际关系逐渐进步、改善的过程，也是一个团队组织文化建设的过程。这个过程不会一蹴而就，而且有时还会有反复、有倒退。教师之间要以传统的"见贤思齐"的自我修养要求来不断约束自我，不断融入团队。看见优秀人物，不是费尽心思地寻找他的缺点，以示不屑、不平，更不是没事找碴、无中生有、造谣诽谤、恶意中伤，而是思考着怎样向优秀人物看齐，如果有了这种修养，文人之间就不再是"相轻"如"敌"，而是"相亲"如"故"了。"见贤思齐"的组织文化成了团队发展的黏合剂。

（4）融入组织：成为组织管理者的"王牌"

可能还是由于传统文人相轻的文化浸润，一些教师更愿意在团队中特立独行。从价值判断上讲，没有必要臧否特立独行；从团队建设上看，特立独行也是保持团队"这一个"文化的风景线。但是，从教师作为组织成员处理好与各级管理者的关系来看，教师要在主流价值观上与管理者保持一致和良好的沟通，成为组织任务完成的王牌主力，还是非常重要的专业发展取向。

我们常常在观察以教师为代表的知识型、技能型、专业型组织成员与组织管理者的关系。就像前文提到的"知识型员工"，他们是组织的"资本"而非"成本"，如何有效运用这样的资本产生最高的绩效是区别组织管理者高下的非常重要的内容。有眼光的校长把最看重的教师当作最亲密的合作伙伴，在给予最大程度绩效鼓励的同时，给予这样的教师无比尊重和发展的无限可能性。

作为教师，要看到自己在学校组织中的特点，学校组织的每一个成员都是学生组织的管理者，代表学校组织管理学生组织，因此，要与学校核心价值观保持高度一致。这一方面的强调不是无病呻吟，而是在许多学校的课堂上看到了一些不和谐的现象，特别是学段较高的学校，站上讲台的教师会把自己的价值观不加过滤地灌输给学生，甚至导致教学内容与社会主流价值观的尖锐冲突，在未成年教育中引起很大困惑。这种情况自然会导致组织管理者对相关教师的职业惩戒。

作为一个社会人，在一个日渐开放的时代，价值多元给予每个人选择的空间也一定日趋扩大。但是，作为一个有职业身份的人，一定要遵守特定职业的操守，成为一个有专业素养的组织成员。当然，与学校核心价值观保持一致，不是阿谀奉承、溜须拍马，能够有见解地与管理者作充分沟通，让管理者充分了解下属的工作状态和思想现状，使之既愿意放权给下属，又对下属的创造性想法充满期待，"王牌"的意义大约就在于此。

**3. 自我反馈分析**

就像许多学生学习过程的自我管理一样，雄心勃勃地做计划几乎是自我管理最容易的事情，教师自我管理也容易如此，这仅仅是作为管理者的教师必须带着科学理性督促自己完成的重要一步。在制定自我规划时，要设定阶段性目标、实施时间以及目标实现的阶段性成果。关键在于，在阶段性目标完成的时间节点上，要及时对自己作反馈分析。完成阶段性目标，要总结经验；没有完成目标，要分析原因，找出改进对策或调整目标预期。可能后者的反馈分析更为重要。规划实施过程中的调整，不能说明规划制定得不好，只能说明实施过程要因势顺变。当然，这样的因势顺变不是一味做减法，而是求解一道加减乘除四则运算的应用题。

这道应用题要做如下自我管理的审计：

付出的时间、精力与得到的回报、成果的比值如何？

我的努力是否充分？

是否充分调动可以调动的资源为我所用？

是否还有更好的决策、战略和举措？

除了传统经验，是否有创新的做法？

这样的反馈分析颇似传统文化中的"三省吾身"。不过，这不是指向个人内心道德提升的修身养性，而是可以通过程序化的量化评价为个人发展提供更具操作性能够的改进建议。

做自己专业发展的经理人，通过阶段性绩效评价取得有效的反馈分析，使平常的日子变得不平常，使平凡的人变成不平凡的管理者。

 **表现样例**

一位获得上海市劳动模范、市三八红旗手等荣誉称号的教师在做报告时动情地说:"我没有觉得自己做了什么了不起的事情,但是组织上给了我太多的荣誉,同事们给了我很多关心、帮助,每一个认识我的人都向我衷心祝贺……"的确如此,面对诸多荣誉,这位教师表现得十分平静,可以说是宠辱不惊;更可喜的是她的同事们,特别是一个教研组的同事,没有一个人嫉妒、不平,大家觉得这位教师教学和科研能力强、作为教研组长也颇有号召力和凝聚力。在上报这位老师的先进事迹时,需要一份录像资料,学校领导请一位老师撰写录像上的解说词,又请另一位老师为录像片解说词录音,两位教师都非常愉快地接受了任务。教研组副组长还主动请缨,参加劳模事迹讲演团,宣讲自己搭档的工作成绩。面对同事的荣誉,这个教研组的每一个成员都特别高兴。一位老师说得好:"劳动模范能够出在我们组里,是我们教研组的光荣和骄傲。"见贤思齐,每位老师都从榜样的身上看到自身的不足,努力工作,这个祥和向上的集体荣获了上海市教育系统的文明班组和全国劳模先进集体的称号。

(《教师的人际关系》,陈爱平)

 **表现样例**

一位步入中年、教学经验比较丰富的物理教师,对学科教学有很深的造诣,但是常常苦于传统的教学手段不能把有些教学内容生动便捷地传授给学生,比如说物理学上的"简谐振动"的原理,教师口述固然可以把原理讲解清楚,但学生在理解概念时,常常觉得有些抽象。在现代化教学手段渐渐进入课堂教学的背景下,这位教师也开始关注并思考怎样用多媒体手段解决教学中的难题,遗憾的是,自己对电脑等现代化设备运用不够纯熟。恰巧,学校安排这位教师带教一位刚刚大学毕业的新教师,在师徒相处过程中,师傅

发现徒弟对电脑特别精通，于是，师徒俩开始了非常有意义的合作。他们一起研究教案，共同设计、制作多媒体教学课件，师傅多出经验、思路，徒弟多动手操作、演示，互相提意见、建议，不久，师傅对电脑操作开始精通起来，徒弟也很快熟悉了学科教学。在不长的时间里，师徒俩都取得了可观的教学成绩。他们制作的以"简谐振动"为代表的一批教学课件不仅为学校的物理教学提供了难得的资料，而且也为其他兄弟学校的教学提供了帮助；他们师徒合作，在省市级物理教学杂志上发表了多篇教学论文；特别可喜的是，那位年轻教师很快在市教学比赛中脱颖而出，目前已经成为非常有培养前途的学科教学骨干。

（《教师的人际关系》，陈爱平）

 **表现样例**

我们曾在一所高级中学做过一次小范围的调查，主题就是不同学科教师之间的交往。在问及不同学科教师之间平时谈话的常见话题时，除了"谈及共同执教的班级学习情况"之外，"了解对方学科领域的知识"就成了许多教师的首选。许多语文教师感到，现在指导学生阅读的内容特别广泛，如果教师不具备比较丰富的知识，很难从容应对学生；即使这样，也经常会出现知识结构上的缺陷，特别是在理解科技说明文的内容时，经常会碰到难题，这时，向有关学科的老师请教就非常有必要。自然学科的教师也经常需要向人文学科的教师请教。一位生物教师在课堂上碰到了难题：一个特别爱提问的学生不能理解为什么世界许多国家不能接受克隆人的试验，老师觉得要把这个问题说清楚还真不容易。因为，这其中固然有技术上不够成熟的原因，但更为重要的还是社会的、宗教的、伦理的因素在起作用。为此，她请教了学校的历史、政治、语文学科的教师，广泛听取了各位老师的见解，最终给了提问的学生满意的回答。

（《教师的人际关系》，陈爱平）

## 二、革故鼎新：教师管理意识变革与创新

我们把教师管理意识建立在人类管理行为回溯和近现代管理学基本理念的背景下，教师自觉运用管理意识的教育实践和自我管理基本体现管理理念和行为的基础性、规范性。如同前文提及的一个基本观点：管理理论永远落后于管理实践。真实、丰富和生动的管理实践不仅回应着经典的管理学原理，同时也不断向管理者提出新的命题，这些恐怕不是管理学教科书能回答的问题。这些问题促使在管理一线工作的教师一定要有变革与创新意识，用实践探索回答不断发生的新问题。这既是管理常态任务，也是非常规的挑战，教师要用"革故鼎新"的态度面对组织管理的变革与创新。

"革故鼎新"源自《易经·杂卦》："革，去故也；鼎，取新也。"革除旧的，树立新的。与"除旧布新""吐故纳新"非常接近，可能从改变的力度上，"革"与"鼎"更显得有决心和力量，似乎也更能见得破除变革阻力的过程。

为什么要革故鼎新，可以从两个字谈起。一是"易"，二是"革"。

易，现代汉语中最常用的恐怕是难易之易的"易"，这已经是本义的假借。东汉许慎《说文解字》对"易"取两种说法："蜥易，蝘蜓，守宫也，象形。《祕书》说：日月为易，象阴阳也。"一是认为是象形文字，即蜥蜴，甲骨文和金文的"易"字就是类似蜥蜴类爬虫的符号；二是认为是会意字，上日下月，指代阴阳交合之变。后者在清朝学者陈则震《周易浅述》中说得更明白：交易，阴阳寒暑，上下四方之对待；变易，春夏秋冬，循环往来。这种说法虽然有学者反对，认为"易"的象形缘起与日月无关，特别是下半部根本不是"月"字，但是，从小篆开始的"易"字，确实很接近于日月，传统文化中日月阴阳寒暑春秋等等的两两对应，轮回交替，被大道至简的太极图形象又抽象地诠释，自然都很认同这个字表达的就是两种势力相互作用，产生万物，"生生之谓易"（易经·系辞上传），"刚柔相推，变在其中"。

说到"革"，当代中国人脱口而出的词语一定是"革命"和"改革"，这两个词语差不多概括了 20 世纪以来中国近现代直至当代社会变化的基本状态。"革命"从程度上说很彻底，往往伴随刀光剑影；"改革"则要温和很多，常常是量力而行，适可而止。中国白话文运动，文学史称之为"文学革命"，在胡适笔下也是以《文学改良刍议》的方式告白天下。许慎《说文解字》说，革是象形字，"兽皮治去其毛，革更之"。段玉裁《说文解字注》解释道："革，更也。二字双声。治去其毛。是更改之义。故引申为凡更新之用。"《易经》第四十九卦是"革"卦，卦象是下火上泽，"象辞"解说："泽中有火，革。君子以治历明时。"观此卦的"君子"，从水火相生相克中悟出自然界的荣枯变化，修撰历书，让人们明白时令交替的道理。无论是"革"字的缘起还是《易经》由此及彼的生发，都是人们观察自然、生活的体悟，可以说，革就是规律。人是自然一分子，人类生活也是自然进化的产物，"象辞"联系生活有"君子豹变""大人虎变""小人革面"之说。与大人物豹变、虎变不同的是，小人物一般情况下是"顺以从君"，所谓"洗心革面"部分意思由此而来。我们可以把这种不同人物对待变革的态度看作管理学中改革创新的一种状态。面对革命或改革，管理层要担负更多的责任，从决心到方案，从落实到评价，而组织中更多的成员是跟着管理层意志走。

教师作为具体组织的管理者，既是跟着学校组织变革的追随者，又是面向学生学习组织改革的领导者，不仅是改革的参与者，也是改革的设计者。

## （一）释放管理权：管理的刚性与柔性

2015 年 8 月 6 日，上海《文汇报》"文汇教育"专栏刊登两篇文章，一篇是报道 BBC 和伦敦大学教育学院启动的一个研究项目，聘请五名英语流利的中国教师在英国一个公立学校开设"中国式课堂"，正标题是《5 名中国老师赴英调教"熊孩子"》，副标题是"中英巨大文化差异让 BBC 纪录片从一开始就充满戏剧性冲突"；另外一篇文章与这一项目的背景和影响有关，题目是《"中国式课堂"让英国报纸炸开锅》。两篇文章在微信圈广泛传播。据说，BBC 全程跟踪拍摄后剪录了三集，第一集播出后在英国就引起广泛关注。就目前两篇文章传递的信息看，这是英国媒体和英国教育机构合作的一个项目，从研究条件的设定和控制来看，媒体观点超出学术研究视域，很难说是严格意义的教育研究试验。五名中国教师有三名已经在英国定居，实验课堂环境的布置不能代表中国基础教育发达地区水平，课程设置、教学方法、学生作息时间安排等，皆因先入为主的试验目的而走入极为偏颇的境地。实验设计者首先把中英教育完全对立起来，似乎愉快、自由、民主、平等就是英国教育的代名词，而专制、灌输、负担、训练就是中国教育的标志。这与实际情况不完全相符。当中国读者还没来得及回应这一不恰当的视角时，微信圈中传出了《环球时报》报道的一位英国教育专家的意见，这个实验是在公立学校进行的，而英国最好的教育大部分在私立学校，在这位伊顿公学的前教务长看来，"英国的精英教育，不是什么快乐教育、放羊式教育，而是跟中国一样，奉行严格、刻苦的苦读教育"。他甚至担心，如果 BBC 这部纪录片，最终向英国人传递的是"中式教育"不适合英国的信息，那么只能说 BBC 还在帮助特定阶级愚弄英国人民，让他们安于英国教育体制现状，而不是向中式教育学习，去认真负责地对待每一个英国孩子。

8 月 19 号，最后一集播出，结局呈现：中国班学生在与其他班级学生考试成绩对比中，完胜其他班级，可以说遥遥领先。但这只是结局最显性的部分。隐性的部分是各方面对这个结果的反应。据说英国校长觉得每天花十几个小时学习取得这样的成绩，这不是童年，而是监狱。但这显然不是所有人的意见。

也许真的到了中国教育要理性从容地和世界教育对话的时候了。长期以来，中国教育与社会其他领域一样，渴望西风渐进，也在不断学习西方教育的先进理念和成功做法；近年来以上海参加 OECD 组织的 PISA 测试取得好成绩为标志，风向陡转，突然对自己的基础教育有了强大自信，加之英国、美国等教育代表团到上海取经，似乎我们的基础教育已经赶超世界发达国家和地区。这种教育的前恭后倨，游走在自卑与骄傲之间的非理性态度，可能是中国教育最根本的问题。不仅不了解别人，也不明白自己的现状。

从教育哲学的角度看，任何一个国家和民族的教育都有其独特的历史积淀和现实需要，相互交流不是为了取而代之，而是互相借鉴，中国教育现代化过程不能离开对世界先进国家教育的继续学习，在学习的过程中也应该为世界教育发展做贡献。从目前中国教育现状看，不能因为一个 PISA 测试就对基础教育飘飘然。偌大中国，毕竟只有上海参加了测试，上海可以代表中国教育比较发达的地区，但不是中国的平均水平。从 PISA 测试的结果看，看到成绩也要看到隐忧，在学科素养成绩名列前茅的同时，上海学生的学习负担也居高不下，对此，上海市教委一直秉持理性审慎的态度，关注以此结果改进教育的诸多举措。

前文"中国式课堂"的案例力图呈现中国教育的全貌，甚至连学生校服也"中国式"。我们看到，从课表安排、课程内容、教学方式、环境布置、学习要求等方面力求拷贝不走样，只是形似的拷贝很难不走样。不过，还是可以从中寻找这场试验的价值。最有冲突的地方是教育管理方式的差异。当两种文化背景下的教育管理以极端的方式放大其差异时，可以做一些深究，讨论一些问题，改进教育管理。

中英教育这场试验主要涉及是否需要释放管理权，这是管理改革中非常重要的问题。我们想探究，必要的管理以及为此付出的成本；释放不必要的管理权以及如何掌控管理的边界。

**1. 管与管理成本把控**

管是管理的本分。任课教师和班主任的管理内容各有侧重，但都指向一个学生学习组织发展的方方面面。若事无巨细地管理，不仅耗费管理者大量精力，而且会使学生成为机械的被管理者，这些都需要增加管理成本。管理者对成本的控制就是要把握重点。目前课程与教学改革的重点是评价改革，这是牵一发而动全身的关键所在，也是管理者重点关注的纲举目张的内容。

学习评价在学科教师中运用得最为常见，班主任管理中具体针对每一个学生的评价相对较少，但都太注重结果性评价。管理改革中需要教师改变的学习评价主要有三方面。一是变结果性评价为过程性、表现性评价；二是变知识性评价为能力性、素养性评价；三是变单一性评价为多元性、发展性评价。

从结果到过程的表现：结果性评价体现的是奖惩性和选拔性的导向，这个功能有其必要性，但是学习评价的重要功能还在于学习反馈和激励。学习反馈是教师改变教、学生改变学的重要工具，是一种打磨，不断改进的过程就是"再接再厉"，打磨不是目的，而是手段，评价的最终目的是激励学生成为喜欢学习的学习者。

从知识到能力的素养：有位教育专家把从知识到能力改变的表述为从"知"到"智"。知识学习是非常重要的积累，这些积累到一定阶段，通过教育启迪，就会变成智慧，智慧的核心是把知识"发挥"出来。学习评价要关注学生从"知"到"智"，成为充满智慧的学习者。

从单一到多元的发展：即使在提倡素质教育的今天，也不能否认分数是素质的一部分，需要防止的是"高分低能"，要追求轻负担高质量。在这个意义上讲，分数指标不能少，单一分数指标还不够。多元智能为教育评价提供了坚实的理论依据，以人为本的教育要尊重人的智能差异性，通过课程提供学生学习的选择性，当然评价也要多元，包括升学制度的多渠道和多次机会。教师在具体管理中不妨多几把尺子，有的尺子是用来衡量不同学生不同智能发展的，有的尺子是用来鼓励不同起点学生进步的，让每一个学生在不同的尺子下都能看到自己长处、优势和进步。在这样的评价上，教师要尽情发挥管理者智慧，一切为了学生有着无尽可能的未来发展。

班级管理中学生评价同理。从班级管理变革的角度看，有一个认识误区需澄清，即认为科学管理就是定量、量化、分数。这样的认识同样存在于一些学校管理中。学校会通过分数考核每一个教师上课带班情况；教师转而也会用同样的思路和方法去考核每个学生。当分数不仅唯一，而且泛滥的时候，的确是只见分数不见人了。

让分数有温度，让分数有弹性：分数很清晰，分数冷冰冰。拒绝分数做不到，分数为我所有，教师可以有所作为。有温度的分数，教师要引导学生看到分数背后的努力、付出、变化，特别是组织成员具体的行动。有弹性的分数，教师要引导学生用系统的眼光看趋势，看区间，趋势向好，点滴进步都要肯定，走势下跌，防微杜渐，一丝不苟；特别重要的是，不能对分数锚铢必较，只要班级、学生的分数指标在一个合理区间，都要用平常心去看待。看的是分数，培养的是眼光和胸怀，分数也就变成了教育资源。

班主任对学生描述性评价考验的不是表达能力，而是工作的深入程度、走进学生心灵世界的程度、爱与尊重学生的程度。对班主任而言，对每一个学生的评价都是几十分之一，但对每一个学生来说，老师的评价是百分之百的，比天大。

没有距离的评价：20世纪后半叶的很长时间里，教师给学生评语，提笔就是"该生"二字。"该生"，即"这个学生"，不仅有距离，而且是居高临下的距离。"该生"后的文字基本上有套路，政治思想表现，学习态度，社会活动，群众基础等等，千篇一律，千人一面，暮气沉沉，老气横秋，真是难为了教师。

改革开放以来，教育理念有了一些变化，学生评语中直接用第二人称与学生对话，以"你"取代"该生"，真是教育评价的一大进步。更可喜的是，教师用更加自由的笔触给每一个学生画像，评语写出了个性。教师写评语，是个创造性很强的工作，基于对学生的了解、爱与尊重，每学期都写，要写出变化，真是不容易的事情。我们期许，随着过程性、表现性评价的推进，阶段性的学期评语大可告一段落，让教师与学生的评价互动随时发生，让评价没有时空距离。

### 2. 不管与管理边界划分

有位律师谈对美国司法体系的了解，在他看来，美国绝大多数案件审理不是都像我们在影视剧中看到的那样，组织陪审团，旷日持久地打官司；许多案件走简易程序，法官自己就可以定判罚结果。美国联邦最高法院年龄最大的法官威利斯·布朗，1907年出生，在他105岁时，还带着氧气瓶上法庭判案。这位律师很有感慨地说，最坏的社会是没有规矩的社会，好一点的社会是有规矩讲原则但一刀切，最好的社会是不仅有规矩讲原则，而且在有规矩讲原则中允许个体经验和价值的充分发挥。

从这个看似与教育管理变革没有关系的事情说起，是提请所有教育管理者思考那位律师讲的三种社会的状况，这样的状况同样适用于观察任何社会组织，包括教育组织，甚至学生组织。可以对照一下，自己管理的学生组织处在哪种状态。一般而言，没有规矩的组织是没有管理的结果，这样的情况相对少见；绝大多数处于有规矩讲原则但常常一刀切的状态；能够在有规矩讲原则中允许个体经验和价值充分发挥的组织管理状态少之又少。

本节讨论的话题就是管理者在有规矩讲原则的情况下，如何避免"一刀切"，让组织成员能尽量发挥他们的经验和价值。能够知道哪些可以不管，同时又能有效控制管理边界的做法，可能是有益的尝试。

传统管理学关注"管理边界"，因为管理总有它的有效范围，如果超出管理的有效范围，管理的绩效就会递减，直至零绩效，标志管理有效范围的界限，就是管理边界。这样的管理边界到了被称为"世界第一 CEO"的杰克·韦尔奇那里，他以严密的扁平化组织不断打破组织内部的部门管理边界，形成无边界或者说跨界管理的绩效传奇。所以从管理学层面上讲，与之相关的还有"无边界（跨界）管理"的概念。教师在学生学习组织的管理中，要有扁平化组织的架构意识，与学生的沟通本来就应该更直接、更深入，班级内的层级设置要少之又少，让管理者有更多可能直接了解成员的心声。这些工作都是为更好决策哪些可以不管做铺垫。

教师管理意识中更多地要从管什么出发考虑管理内容，与此同时，还要不断提醒自己哪些可以不管。管理学的重要支柱是心理学和经济学。心理学有一个著名的实验，其结果可以对教师如何放下那些可以不管的内容有启发：

美国著名心理学家麦克利兰于 1973 年提出了一个著名的素质冰山模型。所谓"冰山模型"，就是将人员个体素质的不同表现形式划分为表面的"冰山以上部分"和深藏的"冰山以下部分"。其中，"冰山以上部分"包括基本知识、基本技能，是外在表现，是容易了解与测量的部分，相对而言也比较容易通过培训来改变和发展。而"冰山以下部分"包括社会角色、自我形象、特质和动机，是人内在的、难以测量的部分。它们不太容易通过外界的影响而得到改变，但却对人员的行为与表现起着关键性的作用。

（本段引自 MBA 智库百科，2015 年 8 月 31 日）

教师往往很想在学生冰山下的那些部分寻找促进其进步的内驱力，教育组织的全面育人的特点的确需要管理者关注隐藏在冰山下学生内在动机和特质，但是，试想一下，教师有可能一览无余知晓并指导学生所有内在状态，使学生成为组织内的透明人吗？常识告诉我们，除非采取非常规手段，进行彻底洗脑和严密的思想控制，否则，难以做到也没有必要做到。

难得糊涂地放下：一个智慧的管理者知道什么时候睁大眼睛看学生的问题，防微杜渐；什么时候即使发现问题也佯装不知，难得糊涂。两者的界限在于，对习惯、品质的培养要一丝不苟，谨防失之毫厘，谬以千里；对心理、情感的引导要大而化之，谨防小题大做，因小失大。不是说心理、情感表现不重要，而是正因为不仅重要，而且敏感、易变，所以要有特别的谨慎和耐心，放下，不是不闻不问，而是在观察、等待中把控局面。《学记》中讲到教师教学策略中，特别强调"度"的把握，"道而弗牵，强而弗抑，开而弗达"，引导而不威逼，劝勉而不严加管教，适当启发而不把答案和盘托出，唯其如此，方可师生关系和顺、学习愉悦轻松和学生学会思考。这种教学的分寸感有时就体现为难得糊涂地放下。特别是面对学生青春期的心理叛逆，如果说，人体生理上有一定的自愈能力的话，我们相信心理的自愈纠偏同样是人成长中与生俱来的一种能力。难得糊涂地放下，就是一种管理智慧。

循序渐进地等待："循序渐进"作为一种教育方法，从古到今都不陌生。关于如何"循序渐进"进行教育的论述和经验也不少，特别是《大学·学记》中有关"不陵节而施"的思想，与"循序渐进"做了很好的呼应。《周易》第五十三卦"渐"的卦辞，则更有启示意义。

"鸿渐于干""鸿渐于磐""鸿渐于木""鸿渐于陵""鸿渐于陆"的情景移动，鸿由水面到陆地，由平地至高山，移步换景，既有空间的变化，也有时间的推移，渐至佳境。钱钟书小说《围城》中的主人公起名"方鸿渐"正合此义，可惜人物命运恰成了反讽的结局。现实生活中，不管是家庭教育还是学校教育，不"循序渐进"，却希望孩子或学生一飞冲天的事情比比皆是。

学校教育中，学生是每一个不一样的"鸿"，有的可以飞到磐，有的可以飞到木，也有的可能飞到高高的"陆"，每一步变化都要秉持学生先天的禀赋和后天的努力，缺一不可。飞到任何一个地方都可以成为一道独特的风景线。学校的责任和使命就是帮助学生跨上属于他的台阶，并为他们的成长喝彩，哪怕只有一点点进步。"鸿渐"于何处，没有止境，一步一个风景，移步就是精彩。

教育管理者要做一个善于等待的人。等待学生成长。等待也是一种管理权的释放，所谓"揠苗助长"就是前人对管理者善意的告诫。柳宗元有一篇很有名的寓言《种树郭橐驼传》，由一个很会种树的人说起，这个人就是郭橐驼。郭橐驼的种树诀窍就是顺应树的天性，在完成基本的挖坑、培土等环节后，尽量让树安静、自由地生长。所谓十年树木，百年树人，树木育人更有同理之处。写《种树郭橐驼传》时的柳宗元还在被贬谪的偏远之地，居江湖之远心中想的还是庙堂之事，要通过文章让官员管理民众时有所警惕和规避。这篇文章穿越千年历史到今天还能够给我们启示，不仅仅是作者文字表达功力深厚，更是因为作者思想的深厚凝重。教师管理意识中少扰民的思想就要根植在对学生循序渐进成长过程的耐心等待中。

刚柔相推的变化："刚柔相推而生变化"，语出《易经·系辞上传》第二章："变化者，进退之象也。"刚与柔，往往联想到刚柔相济、外柔内刚等相关词语，刚柔是大千世界九九归一的一种相辅相成、相生相克的状态，在刚柔相互推衍中产生进与退的状况，正是管理者需要认真思考的事情。在管理成为管理学之初，管理的刚性带来巨大的效益；在追求效益最大化的过程中，人们逐渐发现管理的刚性没有张力，面对人的管理，需要尊重价值观、人性、特质，那个叫作"文化"的东西变得越来越重要，越来越丰富。刚柔与进退不是简单的两两对应关系，刚中有柔、柔中有刚、进中有退、退中有进，衍生无穷变化。教师管理意识中，不仅要把刚柔看作工作风格，还要把刚柔理解成管理思想和策略，成为管理内涵的双核。

据说，现在连小学教师也碰到学生早恋的问题了。这个说法可能值得商榷，问题不仅在于如何界定什么时候恋爱是"早恋"，而且还在于什么样的关系才算是"恋爱"。如果这些问题都还有争议，所谓学生的早恋问题就是一个伪问题。教师若纠缠于这样的问题，真正会"剪不断，理还乱"，载不动一舟

"愁"。最近，网上流传一位高中教师写给班上男生的一封信，题目叫作《请保持光棍的节操》。为什么只给男生写这封信，女生萌动情愫又该如何，对男生的告诫是否仍有男权社会情爱观的导向，这些问题都可以讨论，一定也有不同的观点，但是，无论如何，都要肯定这个教师的智慧，他一定是感觉到了某个或一些学生的情感"异动"，但他没有与学生"硬碰硬"，也没有用简单严苛的规定批评学生，他一定也不会把自己变成一个学生"早恋"的侦察高手。这不意味教师对此不闻不问，他一定会用自己的方式告诉学生更应该怎么做。管与不管的界限有时不那么分明，这封信就是充满柔性的管理。可以肯定，不会因为这封信，男生就不再喜欢女生，但是，喜欢女生的男生可能在审视自己感情时会想到老师的态度和建议，就可能更理性地管理自己的情感。这大概就是柔性管理的力量吧。

 **表现样例**

### 激活课堂，赋予知识生命的活力

传统的"密度的应用"教学，重在利用密度公式进行变式计算的训练，而这些死板单调的知识灌输，对生活在时时刻刻不断接受着新事物的学生来说，已然不能产生任何兴趣。何不从学生的生活出发，调动学生的现有感知、认知体验，进而引发他们对知识的好奇与探索？

当我把五颜六色的瓶瓶罐罐带到课堂上时，教室里立刻炸开了锅："老师，今天不上物理课了吗？""我们要到酒吧当调酒师吗？"对知识的渴望往往就隐藏在这样的惊喜与兴奋之后。我提出要求：结合学习过的密度知识，以及自己的生活经验，分小组讨论并制定调制两层颜色鸡尾酒的方案。

在参与学生讨论的过程中，我又适时提出 3 个问题：究竟需不需要区分鸡尾酒的密度，如果需要，究竟应该如何区分不同酒的密度？调制鸡尾酒的过程中应该按怎样的顺序倒酒？调酒的过程中要不要用小勺子？如果要用，小勺子该如何使用？

在宽松和谐的学习氛围中，同学们的思维天马行空，有些是常规的，来自知识：要砝码和量筒；有些是感性的，来源于实践：将密度大的酒先倒入酒杯中；有些是打破常规，属于灵感突现的：用勺子引流……各小组成员都跃跃欲试，积极参与方案设计，在"调制鸡尾酒"的体验中不断优化方案。

当学习将求知、实践和创造融为一体时，课堂于学生和老师都是一种创新。接着，我又增加了任务的难度，让同学们利用提供的材料，调制出不同密度的液体，再自制一杯真正属于自己的"鸡尾酒"。在团队的协作、积极的探索、亲身的体验中，大家充分享受到了成功的快乐！

"学做小小调酒师"这一创造性的课堂教学设计，通过情景引出—讨论实践—优化实验—体验感受—总结反思的螺旋式上升的自我学习过程。从学学情出发，变"讲堂"为"学堂"，使课堂真正"活"起来，关键在于教师。

（上海市鞍山初级中学，陈敏媛）

## 表现样例

### 孩子，你们让我惊讶！（节选）
### ——小学低年级语文口语交际的表现性评价的认识与实践探索

【背景分析】

"标准—教学—评价"，是指根据课程标准开展有效教学，并以科学评价来检验教学的有效性与课程标准的落实情况。拓宽评价的途径，增加评价的方式，展现学生在学习过程中的厚度和广度，让每一个学生都能感受学习带来的自信，让评价与快乐学习共舞！

基于这样的一种思考，根据低年级孩子好动、爱玩的特性，我们从一年级语文开始了表现性评价的实践研究，试图通过设计一些学生口语交际的表现性任务来评价学生的学习历程，促进学生的语文学习。

【课堂采撷】

片段一：

"孩子们，第五单元的课文我们已经学完啦！今天的语文课，我们分组完成一个新的语文任务……"话音未落，教室里就欢腾起来啦！对于这种形式的语文课，小家伙们的积极性不言而喻。

"今天，我们三—四人为一组，选择第五单元的一篇课文的片段，完成一个课本剧。给大家一节课的排练时间，第二节课我们就进行一次课本剧秀。先来交流一下对本次任务完成的评分标准吧！"

"老师，我来说，是要看表演是否吸引人！"

"老师，我的观点是排练的时候是否很认真！"……小家伙们都一本正经地说着自己的观点。梳理好评分规则后，排练开始啦！

片段二：

同学们三三两两，不一会儿很多就找到了表演的同伴。这时，只有小安同学在那儿着急呢！周围小组都满了，她沮丧极了，调皮的小姜走向了她……

表演开始啦！小安和小姜、小雨成了一组上来表演，角色分配合理，表达流畅，得到了大家的热烈掌声！小安笑了……

第二、第三……不一会儿已经五组完成了任务，这里小杨同学领着他的队员们上场啦！大家一看，7个人？一上台还在那儿不停地讨论……五六分钟过去了……展示终于开始了：

"你说呀！"小杨指着小佳叫道。

"不对不对！是我说！"小丁同学制止着队长。小丁说完，寡言少语的小吴同学站在那儿不知所措，"该你啦！该你啦！"队长又开始扯着嗓子。观看的同学不住地摇头……

片段三：

二十分钟后，全班的小组汇报结束了。"下面，让我们来评一评自己的表演吧！"

"我来说！"小安第一个冲了上来，"今天，我想找好的同学都已经有小组了，我落单了，很难过。小姜同学主动找了我，让我们今天能表演成功，我觉得我们的任务完成很成功！"

"我也来说说，今天我们的任务没有完成好，原因是人太多了，角色分配不好，大家都不清楚怎么去演，最后失败啦！"小杨惭愧地说。

"我今天很想好好展示的，可是上台后还是紧张了，不自信！"小刘同学红着脸说道。

"老师，我认为乐乐一组表演很成功，他们不吵闹，每个人都有角色，表演得也很吸引我们，我给他们最高分三颗星！"

片段四：

"今天，大家都很开心，任务除了两组其余小组都完成了，不少小组还拿到了最高的三颗星。对于今天的语文任务，大家喜欢吗？"

"喜欢，喜欢！""我不喜欢！""哦，有不同的想法，好，允许有不同想法，请你来说说……"

【我的反思】

基于课程标准的教学与评价，是融合在一起的。评价中，体现了教学的指导，教学策略的运用，也促进了表现性评价。只有两者很好融合在一起，我们才能更好地关注学生的学习状态，从而保护了学生参与表现的自主性和积极性，激发了学生更强烈的表现欲望。

在近9个月的基于一年级口语交际表现性任务评价的设计中，我们设计的表现性任务主要分为：课后说话练习——说故事（课文内容）、句式练习、故事续编、课本剧表演、看图写话；主题作业——与节日有关（例亲亲妈妈活动）、与活动有关（找找小区里学过的字、花展……）

这样的语文学习，学生感到快乐，真正摒弃了以分数为唯一的评判标准，基于低年级孩子听说先行的年龄特点，学生的表达自信了，语言规范了，更乐于表达了，这不正是我们希望看到的吗？

惊讶，缘于改变一点点，带来一点点惊喜。惊讶，缘于每天一点点，带给我们的是明天的喜悦。

评价，没有最好，只有更适合——适合学生的生理、心理、认知、发展水平。评价，能看到学生的今天，评价的最终价值是培育出一个个未来的大写"人"。

（上海市杭州路第一小学，刘琼）

 **表现样例**

那年我做班主任，学期结束照例要为每个学生写品德评语。我把评语分成三部分：第一部分是一幅"画像"，用一句形象的语言刻画某学生最突出的方面；第二部分是对"画像"的注释；第三部分名为"疏"，是对这位学生进行较全面的评说。

比如，女学生小胡，各方面都出色，却缺乏个性，似乎太懂事、太成人化了，同学反而不愿与之接近。于是，我给了她这样的评语：

假如你是一尊有缺点的雕像，你将更完美。

注：四平八稳，全面发展，待人接物，处处恰到好处。请思考，为何总与同学有点距离，使人不愿接近。

疏：天生慧根，资质高雅。幼承庭训，长怀远志。文静而端庄，大度而不失机心。有灵秀之气，具过人智慧。思维敏捷，却藏愚守拙；钟情数理，又倾心文艺。凡所应学，不偏不倚。观察细腻，表达风趣；判断果敢，行事仔细。临考不忙，处之泰然。常列年级榜首，无娇骄二气。唯热烈情感，稍欠一些。

那一年的品德评语我自认为写得很认真，也很有个性。学生见了也争相传阅，成了期末考试后的一道风景线。

（《教学生活得像个"人"——我的大语文教学观》，黄玉峰）

 表现样例

## 一次由学生动手命题的文言文单元测验

"同学们，先秦诸子散文学完了，我们将进行一次单元测验。这次单元测验的形式将进行改革：由同学们自己命题，每人出一份试卷，两个班同学交换做题，然后再由命题者批阅打分，作为单元测验成绩，大家同意吗？"

为师者话音刚落，同学们就大叫赞同。只见教室里人人喜形于色，跃跃欲试。

"为了体现公平原则，必须控制好试卷的难易度。所以我想对试卷的命题范围、题型和分值作一个大致规定。"

教室里一阵翻动纸张的声音，同学们都埋头记下了命题的要求：

（1）测试内容：课内篇目 90%，课外拓展 10%。

（2）题型：有填空题、选择题、翻译题、简答题等。

（3）考查的知识及分值：课文默写 20 分，加点字解释 24 分，特殊句式辨析 10 分，句子翻译 26 分，内容理解 20 分（包括文学常识）。

（4）要求：A. 在认真复习的基础上把握好每篇课文的重点字词、重点句式和主旨。B. 题干的要求必须明确，使答题人一目了然。C. 试卷用统一的命题纸，字迹端正，最好能用电脑打印。D. 命题质量也要打分（由答题的同学和老师打分），满分 10 分，作为附加分计入单元测试成绩。

一周后学生的试卷交上来了，教师浏览试卷，对不符合命题要求的学生（约 10%）给以指导点拨和修正。

第二天，两个班的学生交换试题，用一课时完成测试（教师随机发卷、闭卷考）。同时，答题的学生对所做试卷的命题优缺点作 100 字的书面评价并打分。

当天，命题同学批阅试卷。对有疑义的题目，命题者和答题者或者老师商量讨论，妥善解决。

最后，教师收阅试卷，登分，并给每个学生打命题附加分。

测验完成以后，组织了一次学生命题体会交流活动，教师选出优秀试卷张贴教室，给予表扬。

这次尝试的最大价值在于学生和老师在测试评价全过程中的彻底换位，真正体现了"学生为本"的教学理念。在以往的测试评价领域中，教师是考官，是主动者，学生是被评价的对象，他们在整个过程中完全处于消极防守的地位，往往持被动应付的态度。而如今，他们成了真正的主人，有了独立自主的权力，充分调动了学生参与学习的积极性。

分析学生命题的过程必须经过：A. 复习课文；B. 分析确定重点；C. 根据命题要求编写推敲题目，分配分值；D. 安排试卷版面；E. 拟定答案。从这个过程看，学生必须集中心志，动手动脑。尤其在研究课文重点的环节上，不仅复习了已学的知识，而且一定会或多或少地有所发现、有所创造，大大有利于形成文化积淀，巩固已学的知识。

教育评价的功能主要体现在"诊断功能""改进与形成性功能""区分优良和分等鉴定功能""激励功能""导向功能"等。这次由学生命题，交换答题单元测试的最后成绩与学生平时的学习情况基本吻合。由此可见，这次测试的效度也是可信的。

学生的学习过程应该是多向交流的过程、合作学习的过程。由于每个学生的学习起点不同，对重点的理解不可能千篇一律，而试卷与试卷的交换阅读和解答也是一种学习信息的多向交流。从学生对命题的 100 字评价来看，几乎所有学生都能出于公心，对命题做出实事求是、一分为二的分析。因此，我认为，这次命题尝试也是学生合作学习的尝试。

（《守望杏坛》，陈小英）

### （二）超越规范：以领袖气质培养领袖

还是要提及阿城小说《孩子王》。今天回顾这部小说和影片的内容，是想由此引出本章节讨论的话题，即管理中对规范的超越。故事中的"孩子王"，没有按照当时的规定教孩子读报纸，读社论，但又没有任何课本教材好教，加之看到学生认字量太少，就决定以手上唯一一本《新华字典》来叫学生认字。这本字典在学生看来很神奇，不仅学习认字，还"听"到了外面的世界。"孩子王"还教学生写作文，孩子们不仅学写文章，还懂了做人的道理。从老师到学生，都是在最不规范的教学环境里努力做最有"文化"的事情。"孩子王"是领袖，不是权威，更不是官职，不施压，不发号施令，所谓领袖气质本质上在于精神的感召力。在说了那么多的管理规范之后，教师作为具体组织的管理者，面对成长中的学生，还是要在组织文化建设上创新求变，让学生认同课堂、班级的管理文化，成为班级文化建设的主人；让学生倾慕教师的人格，成为教师精神世界的追随者。

**1. 回归原典的管理文化寻根**

心理学上有一个"羊群效应"，也叫"从众效应"，是个人的观念或行为由于真实的或想象的群体的影响或压力，而向与多数人相一致的方向变化的现象。表现为对特定的或临时的情境中的优势观念和行为方式的采纳，对长期性的占优势地位的观念和行为方式的接受。人们会追随大众所同意的，将自己的意见默认否定，且不会主观上思考事件的意义。

经济学上"羊群效应"表现为市场上存在那些没有形成自己的预期或没有获得一手信息的投资者，他们将根据其他投资者的行为来改变自己的行为。盲目是这种效应的最大特点，因此很容易陷入骗局。管理学上"羊群效应"同样存在。组织中往往有一个有影响力的"头羊"，许多事情的决策和判断会取决于以头羊为核心的群体态度，其他组织成员只能以沉默和跟从表达自己的态度。即使是所谓民主的少数服从多数的投票，在头羊的影响力下，往往也只是摆设。投票，不过是承载民主的外壳，倘若组织文化"盲从"占了上风，投票往往是被绑架了的民主形式，历史和现实之间中"真理掌握在少数人手中"的情况屡见不鲜。

最近，在北方地区的一所中学，一个初二的女孩子跳渠自杀，导致自杀的原委是：这个女孩子跟另一个同学闹矛盾以致互殴，对此事的裁决是让全班学生投票决定对这个女孩子的惩处，投票结果是一致同意把"停课一周"作为对女孩子的处罚。女孩子接受不了这个处罚，发生了上述悲剧。据说，学校为此补偿家长 9 万块人民币。一个鲜活的生命就在众人的投票中消失了。

没有进一步的资料表明，导致这个悲剧的组织头羊是老师还是学生群体中的有号召力的成员，可以判断的是，在这个组织内部已经形成"羊群效应"的规则，凡事就是简单的投票，在看似公正的决策中忽略了心理学意义上的复杂性和管理学层面的科学性，泯灭了人性关怀。

重视组织成员的核心素养：一个组织要有不断进步的空间，除了文化建设的基本要求，如制度、规则之外，还需要有把制度、规则内化的态度、情感价值观，有亘古不变的科学与理性精神，更要有不断变革的组织管理的创新文化。

学生学习组织的文化还是要立足于"人"，不仅需要有培养什么样人的目标，还需要有对学生作为学习者和普通人的诉求的关注。实质上这是一个学生观问题。

近年来，脑科学的研究推动心理学、教育学的发展，多元智能理论已经引起普遍关注和广泛认同。一般认为，在人的成长阶段，语言表达、运算能力、音乐天赋、空间定位、机体反应、理解自我、理解他人等七项智能呈现不同的强弱表现；在人的成熟阶段，语言表达、逻辑思考、运算能力和空间想象力等四种认知能力也有显著差异；在人的就业阶段，表达力、想象力、思考力、理解力、决策力和耐力等也不尽相同。如果说，学生智能差异更多是先天的，那么，通过教育而获得的素养更多呈现后天的努力。教育改革的顶层设计是要研究指向学生未来发展的核心素养究竟是什么。

有学者指出，学生发展核心素养是指学生在接受相应学段的教育过程中，逐步形成的适应个人终身发展的和社会发展需要的必备品格与关键能力。具体表现为特别强调个人修养、社会关爱、家国情怀，更加注重自主发展、合作参与、创新实践。因此，可以从文化修养、社会参与和自主发展三大板块架构学生发展和新素养的框架。

也有学者研究认为，思维、心理、行为、技能、智能等五方面形成梅花瓣状的复合素养，完整的教育应该在上述五个方面全面介入，从谋事、行事和成事的过程培养学生的思维能力、心理素质、行为习惯、实践技能和内在智能等的素养。

教师在学科教学和专题教育活动中，要有更上位的课程目标意识，所有学科学习和其他教育活动最终指向学生核心素养的培育。

关注组织行为的态度表现：对管理者而言，组织的文化建设意识是形而上的理念，落实组织文化建设的举措则是形而下的工作。要关注组织成员形而上的理念，因为价值观决定他们的观念，观念影响态度，态度左右表现。

一个学生在学科学习和班级活动中是否积极，取决于他对学习意义的认识，简而言之，是"要我学"还是"我要学"，属于价值观层面问题。这个问题就会影响他对学习和活动的看法，形成或积极或消极的态度，具体表现在学习和活动状态上就完全不一样。教师作为管理者往往从学生具体表现入手，或鼓励或批评，对有问题的学生提出改进的期望。而事实往往不像管理者想象的那样简单，学生行为和态度的改进非常困难，难如人意。教师经常为此感到"黔驴技穷"，常常陷入苦闷，觉得自己反复提醒了那么多次，收效甚微。一个不断改进自己的管理者，可能需要考虑的是，说了那么多次却没有效果的问题不在学生而在于教师，需要改变的是教师。同样的方法反复做而没有成效，一定是方法本身不够好。改变学生有问题的态度和行为，从根源上解决问题，是要改变产生问题的环境。厌学问题要从改变评价标准和导向做起，对班集体的游离要从班级活动的凝聚力、品质等内涵与形式的改变做起。组织管理的问题一定要秉持"变则通，通则久"的信念，组织成员如此，管理者亦如此。

教师作为管理者的改变和学生作为学习者的改变都会碰到对改革的畏难情绪问题。最好的办法是从原典文化中找寻策略。"鼓而动之，存乎辞；化而裁之，存乎变；推而行之，存乎通。"（《易经·系辞上传》第十二章）就是说，碰到问题，要言辞鼓动成员，变通具体做法，推行制动机制。

关注态度表现，不是就态度讲态度，就表现谈表现，态度表现的改变还是在于观念、价值观的改变上。教育的"鼓而动之"的言辞力量是教育的资源、优势和特质所在，一个好的管理者一定是个好的演说家、鼓动家，当然，最好的演说家和鼓动家不一定以滔滔不绝、侃侃而谈取胜，孔子说"书不尽言，言不尽意"，连他这样的人都要敬畏精神的力量，觉得无以言表，难以言传，所以在提出要鼓动、变通、推行之后，紧接说："神而明之存乎其人；默而成之不言而信，存乎德行。"对形而上的神灵通晓还是在于人的内心，不在于大张旗鼓的宣传，往往沉默不言中就能使别人信服，关键的原因在于"德行"。鼓而动人的言辞力量来源于此。

教育管理问题，往往比较容易从具体教学行为的角度考虑改革与发展，从系统性角度看，教育管理变革的许多内容都与文化精神相连，主要体现在大课程观上，这是教育千秋万代的基业，所以"化而裁之"的灵魂就在课程文化精神引领上，关乎方向、目标和梦想。"化而裁之"，"不但知道它的变化，而且更重要的是'裁之'。跟裁缝做衣服一样，你把它剪裁得好，会变成一件很好的艺术品。所以文章思想、人文文化都是'裁之'。"（《易经系传别讲》，南怀瑾）

有了宣传和变通，还需要推行。现代汉语中也把推行当作一个动作来看，很多时候推行就是开口、开会，口一张，会一开，似乎就完成了推行的任务。"推而行之"，是动作的连续，过程的跟进，如何推，更有讲究。南怀瑾先生说得好："如何来'推'？这中间就要懂得中国的太极拳了。太极拳的推是圆的，不是直着硬推的，硬推是推不动的。转一个圆圈就把它推动了。一个东西如果直推硬推，要用一百斤的力量，如果换一个方法顺势而推，也许一个指头就推动了，这就是以四两拨千斤的道理。这个中间的巧妙，也就是智慧之学。"

原典指民族文化发轫时期具有代表性并持续影响民族文化心理的经典作品，原典文化就是原典不断被后世弘扬，推动社会发展的最有价值的思想精华。原典文化给予教育管理文化的启示还有很多，教师管理意识的修炼从中也能汲取滋养。

**2. 面向未来的管理文化建设**

从管理走向服务：从管理走向服务，表述不够严密，不是说管理与服务没有交集，意在凸显管理中的服务意识。工商管理、行政管理中的服务意识已经成为核心价值，为提高效率提供强大的内驱力。长期以来，对教育管理中的服务意识，似乎一直是欲说还休，半遮半掩，反映了强烈的矛盾、有疑心态。这种心态背后，隐匿着强大的传统文化心理的支撑，尽管在今天对"师道尊严"早已有了更现代化的理解，如前文提到的"亦师亦友"的师生关系，又如"一切为了学生发展"的办学理念等，但是，一旦提出教师要为学生、家长服务，就会有质疑的声音：师道尊严何在？

首先，服务是一种理念，出发点是满足学生成长合理诉求。政府职能回归和转型过程中，"通过政府的公共支出使得所有老百姓都公平享有的服务"（《见证变革——站在上海基础教育转折点上》，尹后庆），教育即公共服务产品的一种。基础教育阶段，特别是义务教育，学校服务学生、家长合理诉求，法理有据。

其次，服务是一种品质，目标是为了学生终身发展。中小学教育为学生打基础，不仅是学生接受再教育的进阶基础，还是做人的基础，发展的基础。学生走进学校，从课堂学习到校园活动，从生活保障到人身安全，每一项安排和管理都是学校服务学生的内容。其中，最重要的服务是以高品质课程教学体现教育服务的专业性。每一项基础的夯实，都要以教师为"媒介"，把课程和学生连接起来，让学生在课程学习中积淀文化底蕴、提升文化素养。基础教育是国民教育体系中公民教育最重要的阶段，立德树人、全面发展等目标实现的路径在日常学科教学中，不能把德育和学科教学剥离。围绕学生学习的各种诉求，自然就是教师必须用心、用力解决的任务。教师服务学生、家长合理诉求，职责有份。

我们看到，越来越多的学生在兴趣特长的发展上有更多的需求，有学者预判，学生学习的"私人定制"时代已经到来。更多学校有意识地建设更能满足学生需求的课程，实施分层走班教学。学科教师在教学管理中，通过更有针对性的分层教学、个别辅导让不同学习状态的孩子有更合适的学习改进方案。班主任对学习困难学生和有特殊潜质的学生更注重科学、适性的教育。随着教育观念的转变，教育呈现出更尊重人的态势，势必改变教育业态，为这种改变而改变的课程与教学就是最重要的服务。

在管理文化建设中超越规范：在深入观察教师管理意识的实践之后，特别是面对管理文化的改革与创新，反思教师管理意识，提升空间很大，困难也很多。说到底，管理学是一门年轻的学科，更是一门应用性很强的学科，它的发展，需要理论的丰富，更需要案例的支撑。教育管理尚未形成完善的学科体系，更多是借鉴企业、商务、政府等部门管理运作的理念和规则；管理中的案例意识在加强，但许多案例素材很好，过程缺乏实证和方法，流于一般的经验总结。这对指导教师做好具体管理工作带来学习资源上的很大缺失。

管理学是人学，是对人性的洞悉、尊重和超越，对人格的期望、培育和激励，一切规范若不以人为本，就不是管理文化建设的方向。教师的组织——学校或其他教育机构也要提供他们成长的环境和条件，让教师以自身的人格修养、核心价值观引领学生走向学习的自由王国。

（1）用文化砥砺管理人格：人格是指人的性格、气质、能力等特征的总和。人格魅力带有明显的个性色彩。教师首先是具有社会意义的普通人，其次才是具有职业特点的特殊群体。教师传统意义的人格内涵在今天也受到严峻的挑战。教师作为学生学习组织的管理者，要成为终身学习的榜样，在文化浸润中砥砺人格。

教师的专业文化素养中要强化以国学为基础的终身文化教育。有关"国学"是什么有很大争议，我们无意为"国学"下定义，但是，对国学经典的学习是我们关注点。国学经典的一大特点是文史哲的融合。在中国诸多文化流派中，儒家文化的主流地位无须赘言，每个中国人成长的文化背景都浸透儒家文化的影响，作为教师，在诸多儒家经典的学习中要特别注重《学记》的研读。一千多字的文本传递出的教育哲学、教育策略，即使在今天，不仅没有突破性的研究，完全做到也很难。另外，儒家文化的主流地位并不影响对其他文化流派的兼容并蓄。道家的老庄哲学已经在中国知识分子的精神世界中与儒家文化形成互补互动的支撑。有一位教育家就常常说，面对教育改革的诸多问题，要带着"出世的态度做入世的事情"。列子是道家中比较容易忽略的人物，但他的《列子》中的部分内容简直就是今天自然教育最经典的教材。教师还应该关注兵家学说，前文就反复强调，教师是领导者，统领之能力的阐述非兵家莫属；教师更应该成为杂家，面对孩童的好奇心需广泛涉猎，历史上的"杂家"经典，无论是《吕氏春秋》还是《说苑》，都是针对管理和治理的专著，值得一看。

在国学研修中增加哲学、史学、文学修养，对教师职业生涯意义重大。哲学的作用是使教师清醒地明白教育的使命是什么，史学的作用是使教师懂得在纷繁复杂的教育现象理性判断教育的价值是什么，文学的作用是让教师始终不要忘记在现实世界之上还有精神世界的存在。增强国学功底，不是单向地形成封闭的文化心理结构，而是在增强文化底蕴的基础上，以更加健康的文化心态在多元文化中栉风沐雨，形成现代意义上的文化心理结构。

（2）用科学管理心理健康：大量教育案例表明，教师心理健康的水平直接决定学生心理健康的水平。教师不健康状态（尤其是喜怒无常），往往会导致学生长期处于焦虑的状态，生活在巨大的压力下。美国全国教育联合会有一份规定指出，由于情绪不稳定的教师对于儿童有决定性影响，就不应该让他们留在学校里面。一个不能调控情绪、有极度偏见和谩骂习惯的教师，对于儿童心理健康的威胁，犹如肺结核或其他危险的传染病对儿童身体健康的威胁一样严重。

教师心理不健康状态的原因有很多，就具有普遍性的原因来看，主要是工作压力大、工作节奏紧张，特别是有些地区、学校应试教育的局面还没有彻底改变，因升学率而产生的压力使教师之间人际关系紧张、教师与学生的关系枯燥单一，导致了教师心理极不稳定。另外，过度疲劳、生活视野不够开阔等等也是教师情绪波动、心理狭隘的部分原因。

我国社会众多人群对心理健康治疗的必要性和正常性认识不足，常常带有无知的偏见，导致许多意识到自己心理不健康的人不敢光明正大地走进心理咨询、心理治疗场所。社会要通过积极的宣传消除人们对待心理治疗的不科学态度；教师能破除世俗压力，勇做开风气之先的人，遇到心理问题在自我调节无效的情况下，主动积极地寻求心理健康治疗，做心理健康的人，在管理中以健康向上的形象赢得组织成员的尊重和欢迎。

## 三、安身立命：学校管理文化建设与教师管理意识提升

行文至此，对教师个体作为学生学习组织的管理者已经做了很多探源、观察和要求，教师毕竟是学校组织的个体，教师管理意识从文化源头寻根和建设，学校文化是教师安身立命的沃土。当教育随着社会转型，教育体系从管理走向治理之时，学校管理也要从单项管理转向公共治理。越来越多的社会专业性机构会成为学校办学的资源，家长参与学校管理将成为常态。学校管理文化将越来越成为学校文化的重要组成部分。教师管理意识的提升需要自身努力，有研究表明，职业场所的非正式学习占整个职后学习的 75%，这也需要学校有激励教师非正式学习的机制；学校还有责任通过有计划的正式学习培养教师。让我们把视角转换到学校管理文化的整体建设，为教师管理文化的生成找到一片丰厚的土地。

### （一）学校管理文化的校长访谈梳理

#### 1. 校长对教师管理意识认同度高

近期，针对学校管理文化，我们做了中小学各学段部分校长的访谈。当我们问及校长最看重教师哪些管理意识时，几乎每一位校长都把"人本意识"或"生本意识"放在第一位；"问题意识""创新意识"紧随其后；"服务意识""自我情绪管理意识"等过去比较忽略的观念开始被更多校长关注。一位校长在回答这个问题时，做了非常清晰的解说。他认为：人本意识——教育源泉，也是教师管理的根本；专业意识——身份归宿，职业岗位的认同基础；制度意识——信任支柱，平等公正得到保障；团队意识——品质保证，协作发展、效益最大化。

#### 2. 教师管理意识成为学校教师专业化发展的重要工作

许多学校结合师资培训工作，在原有工作基础上都在加强教师管理意识提升工作。主要做法是：

文化浸润。学校通过办学理念的宣传，办公室文化的构建，优秀教师的榜样力量，学校制度文化的建设，教师健康心理健康的辅导等传递学校精神，形成热爱学生，关心学生，以生为本的文化氛围，让教师浸润其间，形成文化自觉。

实务培训。组织班主任、学科教师进行学生管理方面的实务培训。如骨干教师进行学生管理指导讲座，教师交流管理好经验，组织教师进行个别学生管理个案观察及分析，组织教师体验当一日学生的感受，进行学生管理细节问答等活动，来提升不同层面教师管理意识。

跟踪指导。对于管理意识与能力薄弱的教师，通过连续观察，发现问题，跟踪指导的方式促进教师管理意识的提升。

自主发展。帮助教师制定自我发展规划，发现自身的优势与问题，与教师开展基于专业成长的个别会谈，帮助教师形成自觉学习，自主发展的愿望，不断向书本，向伙伴，向专家学习，提升管理意识。

**3. 许多学校已经形成具有核心理念的学校管理文化**

更多的校长把学校管理文化看作学校文化建设的最重要组成部分。例如，上海市打虎山路第一小学的管理文化理念是"从建立规范到超越规范的人文管理"；上海市平凉路第三小学的管理文化理念是"宽容学生，促进每一个学生生动发展"；上海市鞍山实验中学的管理文化理念是"规范、指导、服务、引领"；上海市控江中学的管理文化理念是"自主学习，主动发展；严而不苛，宽而不散"；上海市复旦大学附属中学的管理文化是"遵循教育规律，发扬科学民主精神，尊重每一位成员创造性的工作成果，提倡人文关怀与以法治校相结合，全面实施素质教育"。

**4. 校长对教师管理意识的自我提升寄予厚望**

每一位校长都指出，学校文化建设，包括管理文化建设都是为教师专业发展提供平台和氛围，教师管理意识提升最终要靠教师不断发展的内驱力。访谈中，我们特地请校长用一句话寄予教师，表达对教师自我提升管理意识的期待。有校长以"一身正气，为人师表"激励教师发展；有校长以"每一个教师都是一座金矿，有能力帮助学生成长，要善于自我发现，让自己闪光，做好学生的引路人"鼓励教师；有校长清晰指出："学习、实践、反思是提升自我的有效路径。"复旦附中吴坚校长意味深长地说："教师是一份特殊的职业，不因'特殊'而忘却其作'职业'应有的共性标准；也不因其具有的共性标准而降低教师的管理自觉。"

### （二）学校管理文化与教师管理意识提升建议

香港大学前校长资深顾问、教育学院讲座教授程介明在阐述教师专业发展观点时指出："以强硬的手段管理教师，最终就会迫使教师只关心自己的饭碗，而不是学生的学习；就会使教师从自主自豪的专业人员，沦为被鞭策的雇员；就会把成千上万的将军，贬为只知听令的步兵；把本来是改革动力的教师，看成了改革的对象。"程教授还举了一个例子，美国盖茨基金有人员访问香港一所学校，问校长："你们是怎么处置表现差的教师的？"校长回答："也许是传统文化吧！我们讲究和谐。任何机构、人员都有长短；与其花大量的精力去处置极少数落后教师，倒不如集中精力塑造一个学习群体，让这些教师也能焕发积极的作用。"（《教师：将军还是步兵》，程介明，《上海教育》2014 年 12A）这位香港校长的回答相对于英美多以量化指标考核教师，追求工商管理模式的问责制管理教师而言，有更值得我们思考和尊敬的地方。在革故鼎新的时代，教育改革从学校文化建设着眼，从教师管理文化提升入手，把每一位教师培养成统帅学生的"将军"，所谓强将手下无弱兵，最终指向的是将来可能成为将军的士兵——学生的健康成长。这样的"将军"，一定是有深厚文化积淀、稳定的文化心理结构的人，学校文化建设正是要为他们的专业成长服务。

#### 1. 创设原典文化学习环境，促进教师传统文化修养提升

之所以要强调创设原典文化的学习环境，主要是因为现代及西方文化的影响非常强势，当代生活无处不有它们的气息。相对而言，传统文化因其年代久远，加之自身特点，倘不加以倡扬，很难进入当代人稍显浮躁的精神世界。

有学者在论及中国传统文化超越现实世界之上的精神世界时指出，中西

文化的主要区别就在于中国传统文化更趋向人的精神的内在超越，而西方文化则注重外在的、具体化的、形式化的途径，内在超越"重点显然都放在每一个人的内心自觉，所以个人的修养或修持成为关键所在。如果说中国文化具有'人文精神'，这便是一种具体表现"（《从价值系统看中国文化的现代意义》，余英时）。准确地说，中国传统文化需要"涵养"，教师要用人生的沉潜与体悟走近原典精髓，方可成为中国传统文化的热爱者。

教师首先是学习者的理念在今天的教育环境中正在逐步被更多人接受。目前学校和教育行政部门也通过各种培训制度和机制保证和督促教师不断学习。但是，这些学习都是以外在的压力迫使教师完成学习任务。教师真正成为学习者一定要从内心认同学习的必要性，特别是对中国传统文化的学习，倘若是完成任务式地学习，不可能深入其精髓。

当然，学校可以通过学习文化环境建设，让教师感受组织文化的氛围，不断激励自己学习。如何才能建立这种学习文化坏境，是一个很有价值的实践课题。有学者指出："在文化价值观上表现得紧张，而在给所有员工的发展的空间上表现得松弛。在遵从共同目标的前提下，学校在给员工发展机会和灵活发挥作用机会的同时，促进了文化价值观的发展。"（《建设卓越学校》，张延明）

在教师是否应该学习的问题上，学校要鲜明地表达对教师学习的期望和要求，但是，在学习的方式上，应该给教师更多的自由选择的空间。学校要有意识地向教师宣传共同的愿景：教师群体即学习共同体，学校即学习型组织。为此，学校对教师不仅仅是使用，更多的是培养。原典学习，学校的态度是提倡，而不是硬性的规定。使提倡成为可能，学校一定要搭建各种交流分享的平台，分享即欣赏。教研组、备课组、年级组等等都是学习平台。比如说，各种形式的跨学科教师沙龙，让老师在宽松和谐的环境中愉快学习和交流；建设丰富多元的校园文化，引导教师拥有更加高尚的智力生活；创造更多到校外学习的机会，拓展教师的视野等。这些方式将通过一个比较长时间的积淀，逐渐形成教师群体对待学习的积极态度，不断提升教师综合素养，形成教师自身正确的价值取向。

**2. 落实课程民族文化认同元素，弘扬原典文化精髓要义**

民族文化认同不是附加在课程以外的教育任务，任何国家的基础教育课程设置都把对自己国家、民族的文化认同作为主要的课程目标，体现在各个学科的课程标准和教材中。

国内一位著名的音乐人在一次发言中讲到一个既有意思又有意义的发现：你到一个国家，你想明白那个国家的主流思想是什么，千万不要找哲学家、社会学家的书来看，也不要和他们的知识分子聊天，你只要看这个国家的中学课本就好了。这个看法得到著名导演黄健新的充分肯定。他说："你的英雄观、价值观，其实都是在中学里形成的，都是中学课本给予的——现在还是这样。"（黄建新、商羊，《黄建新：坏血》，《收获》，2009 年第 2 期）这些文化界人士对文化和价值观的认识既通俗又深刻，可以加深对学校文化，特别是学校价值体系的认识。

最近，网上流传一段感人的视频，新西兰北帕男子高中一位工作了三十年的教师在睡梦中安静地离世，1700 名学生集聚在学校路口，当他们深爱的老师的灵车驶过学校时，身着校服的学生一齐跳着毛利舞，送别老师。年轻人有力的舞蹈、粗犷的呼号表达着对过世教师的感激与哀悼，承载这份感情的就是简单、质朴的民族舞蹈。校长大卫·博维（David Bovey）对小伙子们的表现感到非常骄傲，他表示，如果老师泉下有灵，也一定会感到非常骄傲。

中学教育与其说是成才教育，毋宁说是成人教育，成人教育最重要的内涵就是精神世界发育、成熟的教育。学校核心价值观给予学生怎样的影响就显得至关重要。

美国价值观教育特别重视课程的功能。"历史课程是美国学校进行价值观教育的重要途径和工具，其主要方法就是将历史上的重要事件和伟大人物结合历史课程教授给学生，以期帮助学生养成宽容、民主等价值观念。社会学习课程是美国实施价值观教育的另一重要途径和工具。"（《美国学校核心价值观教育实施及对我国核心价值观教育的启示》，葛春、李会松，《全球教育展望》，2009 年第 1 期）美国学校的文学、社会科学、科学技术等课程都有非常明确的价值观教育的内容。

　　我国中小学课程如何更好地体现价值观教育还是一个需要不断完善的课题。直接可以借鉴的就是台湾地区国学教育的课程设置。台湾地区《国学基本教材》主编叶匡正先生一针见血地指出：国学教育传递的是一种价值观。1949 年之前的台湾由于复杂的历史原因，先后被荷兰、日本等国长时间占领。1949 年以后，"便着手大力推行'重建中国文化'的教育。1952 年，通过《台湾省各级学校加强民族精神教育实施纲要》，其中规定：国民学校把'爱国、守法、孝顺、信实、礼节、合作、勤俭、整洁'作为民族精神教育的中心，中等学校以'忠勇、孝顺、仁爱、信义、廉耻、礼节、勤俭、合作'为训导的准则。自此，正统的儒家思想一直在台湾教育中占主导地位，而这一切是通过国文教育来实现的。"（《匡政：国学教育传递的是一种价值观》，陈占彪，《社会科学报》，2008 年 4 月 24 日）通过逐渐增加的文言文教材、国文课时，不仅习文，而且练字。在初中一篇题为《弘扬孔孟学说与复兴中华文化》的课文中，有这样一段话："孔孟学说，致广大而尽精微，极高明而道中庸，为我国学术思想的主流，亦为民族文化的精髓。我中华民族所以可大可久，历五千年而不堕者，就是由于我们以仁为本的民族文化，能绵延不绝，历久弥新。"这段话用来教育学生固然好，用来激发所有国人对中国传统文化的信心也是非常有作用的。关键就是针对弘扬国学，特别是原典精髓的课程设置需要宏观顶层规划。

　　在有更能体现民族文化的国家中小学课程的前提下，从学校落实课程的价值看，如果能认真落实课程要求，民族文化的认同就能自然形成，原典文化的精髓要义就自然成为学生精神食粮，化为核心价值观的重要内容。目前影响课程要求落实的原因主要有两个。一是片面追求考试升学率的动机直接影响学校课程目标的全面落实。在考试指挥棒的驱使下，学校、教师、学生、家长很多时候不得不以放弃全面发展为代价，追求暂时但确实又很重要的考试成绩。因此，课程目标的落实大打折扣，学生态度情感价值观的培养常常落空。二是受到教师对课程理解和贯彻能力的限制，课程目标落实不到位，甚至会被曲解。最主要的问题还是来自教师对学科教学内容的理解上。如果只把学科内容看成知识的组合与连缀，只见树木不见森林的局限必然会影响对学科文化精神的把握。对民族文化、原典精髓的把握正是需要教师具备从宏观上理解学科精神的能力，否则无法从中阐释对学校核心价值观产生影响的文化观念。同时，教师还要锤炼自己"微言大义"的本领，在强化民族文化认同的意识之后，要不断提高教学技术和专业水平，通过一节节精湛的课堂教学、一个个准确的知识点和能力点，把隐含背后的态度情感价值观传递出来。教师专业水平提升也是弘扬原典文化精髓的基础性工程。

学校还要致力于弘扬原典文化精髓的校本课程开发。特别是在人文学科领域，语文、历史、政治等学科都有弘扬民族文化的天然优势。根据教师学科教学的特长，可以逐渐形成具有学校特色的原典文化导读系列课程。学校还可以根据学校所在区域特色，开发有地域文化特征的校本课程。丰富的地域文化课程本身就携带着民族文化，包括原典文化的信息，是活着的历史与风俗教科书。学校的每一个活动设计都是一门独特的课程。新加坡南华中学的晨读就是一种富有文化价值的仪式。晨曦时分席地而坐的读书活动与该校"忠孝仁爱礼义廉耻"的价值观和谐地统一在一起，这些就是学校最重要的课程。

学校更要致力于隐性课程的建设与开发。让学校的每一个角落、每一面墙、每一棵树、每一处景观都能"说话"，是对学校教育资源的最大利用。

**3. 拓展学校文化平台，延展民族文化地标**

"学校文化是被创造出来的实体，校长担当着建立这一实体的关键任务。学校文化包括价值、象征、信念与家长、学生、教师等人员共享的所从事的含义。文化蕴含着团队的价值，左右着成员应该如何思考、感觉和工作。文化的内容还包括对规范的理解、习惯、标准、期待和共同的设想。校长运用文化领导资源的目的是把学校从一个'我'为集合的组织转变成一个精神上的社区。"（《建设卓越学校》，张延明）这段话的信息非常丰富。什么是学校文化、学校文化建设的参与者是什么人、学校文化的作用是什么等等问题的答案尽在其中。特别要提及的是，学校文化的参与者不仅仅是校长和教师，还包括学生、家长和相关社区的人员。因此，学校文化建设就不仅仅是学校教师和领导的行为，而是为一个共同的"精神上的社区"不断努力的富有价值的工作。

在学校文化建设上，我们常常受到一个认识定式的左右：社会文化大环境决定和影响学校教育小环境。这个认识固然正确，如果只强调社会文化环境对学校教育环境的单向影响，未免对学校文化的功能认识不足。学校功能有很多，其中有一个重要的功能就是对社区的文化辐射功能，学校的小环境可以辐射社区的大环境。用现代文化学的观点看，"孟母三迁"的故事就是从一个侧面说明学校对社区环境的重大影响力。走出校门的学校文化，最重要的价值是延展学校文化的地标。学校要加强与社区的文化联系，特别要通过民族文化的载体，弘扬原典文化的精髓要义。英国负责高等教育的前国务大臣比尔·拉梅尔曾发表演讲，要求所有学龄少年接受"英国传统价值观"的教育。他说英国是一个多元文化和多种信仰的社会，要想使它繁荣昌盛，就必须强调共同的"核心价值观"，即言论自由的传统、自由、民主和不同社团对建立现代化和成功社会所做出的贡献。这是一个很有启发的实例。核心价值观教育的最终目标是为了建立现代化和成功社会，学校教育从人的培养出发，最终要把培养的人送向社会。在学校文化建设过程中，就时刻要有与社区、社会密切联系的意识，把带有自己民族文化特点的学校核心价值观不断传播出去。这个传播的过程是民族文化延展的过程，也是学校核心价值观建设的重要过程。教师浸润在这样的学校文化中，就会自然形成以传统文化传递的核心价值观为导向的管理意识。

# 参 考 文 献

1. 彼得·德鲁克，约瑟夫·马恰列洛. 德鲁克日志：366 天的洞察力和灵感 ［M］. 上海：上海译文出版社，2010.

2. 佐藤学. 静悄悄的革命：创造活动的、合作的、反思的综合学习课程 ［M］. 长春：长春出版社，2003.

3. 雷弗·埃斯奎斯. 第 56 号教室的奇迹：让孩子变成子学习的天使 ［M］. 北京：中国城市出版社，2009.

4. 李泽厚. 中国古代思想史论 ［M］. 天津：天津社会科学院出版社，2003.

5. 杜维明. 对话与创新 ［M］. 桂林：广西师范大学出版社，2005.

6. 余英时. 从价值系统看中国文化的现代意义 ［M］. 台北：时报文化出版股份有限公司，1997.

7. 张延明. 建设卓越学校 ［M］. 北京：北京大学出版社，2004.

8. 孙培青. 中国教育史 ［M］. 上海：华东师范大学出版社，1992.

9. 单中惠. 西方教育思想史 ［M］. 太原：山西人民出版社，1996.

10. Thmas J Zirpoli. 学生行为管理：教师应用指南 ［M］. 北京：中国轻工业出版社，2004.

11. 维克多·迈尔·舍恩伯格，肯尼思·库克耶. 大数据时代：生活、工作和思维的大变革 ［M］. 杭州：浙江人民出版社，2013.